名僧たちは自らの死をどう受け入れたのか

向谷匡史

青春新書
INTELLIGENCE

はじめに

「終活」という言葉を見聞きすると、心に細波《さざなみ》が立つ世代になった。

ピンピンコロリを理想とし、あとは成り行きまかせと自分に言い聞かせようとも、「終活」がここまでブームになると、無関心ではいられなくなる。

私は僧籍を持ち、生死《しょうじ》について説く立場にあるが、

「死は、自ら納得して受け入れられるものなのか」

と正面切って問われると、返答に躊躇《ちゅうちょ》してしまう。死への恐れを払拭し、心の安逸《あんいつ》と救済を説くのが説法である以上、「死は受け入れられない」と言ったのでは身も蓋もなくなってしまうからだ。

私は、死は受け入れられないものと思っている。これは心の持ちようや、意志の問題ではない。釈迦が説く生老病死《しょうろうびょうし》——すなわち、生きること、老いること、病むこと、そし

て死ぬことの「四苦」から人間は決して免《まぬが》れることができないとする以上、死は恐怖であり、これを受け入れることはできないということになる。

だから私は返答に躊躇しつつも、

「死とは、お浄土（極楽）という世界に新しく生まれ変わることですよ」

と、浄土真宗の教義を説く。

他宗派では「悟り」による〝死の超越〟を説いたりもする。

念仏も、坐禅も、難行も苦行もいいだろう。方法論は違えども、教義としてはどれも素晴らしいし、「なるほど」と思う。だが、それは頭での理解であって、腑に落ちてのものではなく、納得して死を迎えることは到底できない。「それは、おまえの修行が足りないからだ」「信心を開いていないからだ」と言われれば返す言葉はないが、

「それが私たちではないのか」

と居直る気持ちもある。

そこで、教義はともかくとして、同じ生身の人間である「名僧たち」は、自らの死をどうとらえ、どう死んでいったのか。そこに迫ることで、「人生の終《しま》い仕度《じたく》」の一端が見え

てくるのではないか。

そう考え、これを本書のテーマとした。

「名僧」という言葉から、死に対する達観者をイメージする。凡人の、およそ真似のできない孤高の存在として仰ぎ見る。となれば、「名僧」を通して死を語っても意味がないのではないか——当初はそう思ったが、彼らの生き方、死に方を深く読み込むにつれて、これは見事に外れた。

結論から言えば、「名僧」とは「迷僧」のことだ。

私たちと同じように生きることに苦悩し、死ぬことに恐怖し、葛藤にもがきながら、迷って迷って、その生涯を終えている。本書の目次を眺めていただければおわかりのように、人間臭さがプンプンと匂ってくる。私たちと寸分変わらぬ同じ人間なのだ。

そんな名僧たちが臨終を迎えて何を考え、どう処したのか。名僧たちの足跡に問いかけ、声なき返答を、私なりに咀嚼《そしゃく》したのが本書である。

「なるほど、そういうことだったのか」

と、膝を打つ箇所が必ずあるはずだと、これは私のいささかの自負である。

名僧たちは自らの死をどう受け入れたのか　目次

4　生きてきた人生そのものが最大の形見　65

「かたみとて　何のこすらむ　春は花……」――良寛

5 不条理な人生をどう割り切るか 82

「ま。こんなところですな」——山岡鉄舟

編集協力／拓人社
　　　　　コーエン企画
DTP／エヌケイクルー

1　最後まで生に執着してこそ人間

仙《せん》　厓《がい》（一七五〇―一八三七）

仙厓は死ぬ間際、

「死にとうない」

とつぶやいて、枕頭《ちんとう》を囲む弟子たちをあわてさせた。

それはそうだろう。仙厓義梵《ぎぼん》は臨済宗開祖・栄西《ようさい》が創建した日本最古の禅寺・聖福寺《しょうふくじ》（福岡市博多区）の第百二十三世住職で、生死一如《しょうじいちにょ》――生の中に死があり、死の中に生があり、両者は一つであると説く高僧である。

「鶴ハ千年　亀ハ万年　我れハ天年」

と喝破《かっぱ》し、「私はただ、天から授かった寿命をまっとうするだけ」と悟りの境地を詠《よ》んでおきながら、八十八歳の臨終において「死にとうない」とつぶやくのだから、弟子たちが聞き間違えたのかと、我が耳を疑ったのは当然だったろう。

(これはきっと、何か深い意味のある言葉に相違ない)

と弟子たちは思い直し、仙厓の耳元に口を寄せて真意を尋ねたところが、

「ほんまに、ほんまに」

と答えたのだった。

高僧の、あまりに人間臭い言葉に、弟子たちの狼狽《ろうばい》ぶりが目に浮かぶようだが、私はそんな仙厓が好きで、親近感をいだいていた。

だが、父を看取ってから、

「死にとうない」

とつぶやいた仙厓の真意が気になってきたのだ。

私事になるが、同居していた私の父は、

「いつ死んでもええ」

と、出身地の広島弁でよく言っていた。

八十なかばを過ぎてからのことだ。

本気でそう思っていたのか、私たち夫婦の同情を引こうとしてなのか、いまとなっては知るよしもないが、胸部動脈瘤の発見が「死」と対峙《たいじ》させたであろうことはわかる。瘤《こぶ》の直径は五センチを超えていた。いまにも破裂するか、五年先か、あるいは寿命がつきるまで破裂しないままでいるか。

「これぱかりは何とも言えませんな」

と、大学病院の担当医は前置きして、

「手術という選択肢はありますが、体力が不安です。手術は成功しても、肺がもたないという可能性は高いです」

事務的に告げると、

「わしゃ、手術はせん」

即座に父が言い返す。

「もうすぐ九十じゃけん、どっちにしてもそう長《なご》うないじゃろう。わしゃ、せんよ」

大手術への恐怖もあったのだろう。訴えるように繰り返した。

三年後、動脈瘤は破裂した。十一時間に及ぶ緊急手術の末、一命を取り留めた。リハビリ病院、老人介護施設を経て、特別養護老人ホームで二年を生きて亡くなるのだが、

「いつ死んでもええ」

という言葉は術後、日常挨拶の頻度で口にしていた。

ところが亡くなる数カ月前、高熱と腹部の痛みを訴えて入院したときのことだ。尿路感染という診断で、小康を得たあと、私たち夫婦に病床の父は言った。

「ホンマ、死ぬかと思うた」

目を丸くし、喜色と安堵の表情を浮かべて、「死ぬかと思うた」を繰り返すのだった。

「えかったの」

と私は応じながら、「いつ死んでもええ」と口癖にしていた父の言葉が思い出される。傍らの女房も同じ思いだったのだろう。私たちは顔を見合わせた。いつ死んでもええと口にしていた人間が生に執着している。それが可笑《おか》しかった。

だが、帰途のクルマの中で私たちは押し黙った。人間は何歳になろうと、どんな健康状態にあろうと死にたくはない。死ぬのが怖いのだ。この当たり前のことを肉親に見せつけられた思いがした。

生きること、生きて在《あ》ることの難儀さ……。妻が何を感じ取っていたのかわからないが、少なくとも私はそんなことを考えていた。

このとき唐突に、

「死にとうない」

という仙厓のつぶやきが脳裏をよぎった。

悟りの境地にあった仙厓と、一介のサラリーマンで定年退職し、趣味は家庭菜園という俗世界を生きてきた父と、いったいどこが違っているというのだろうか。二〇一五年六月、私が浄土真宗本願寺派の僧籍を得て九年目のことである。

親死ぬ、子死ぬ、孫死ぬ

仙厓は軽妙《けいみょう》洒脱《しゃだつ》な水墨画で知られる。出光《いでみつ》美術館（東京都千代田区丸の内）には千点を超える仙厓の水墨画が所蔵してあり、心を癒す〝ゆるキャラ〟として若い人に人気だが、仙厓の人となりは、そこに添えられた一文（賛）で語られる。

たとえばユーモラスな表情をした「蛙《かえる》」の水墨画（坐禅蛙画賛）には、

『坐禅して人か《が》佛になるならハ《ば》』

と書かれている。坐禅して悟りが開けるなら、蛙はとっくの昔に仏になっているという意味になるのだろう。坐禅という形式にとらわれている禅僧たちへの警鐘であり、揶揄《やゆ》で

あり、皮肉であると同時に、

「本質を見よ」

というメッセージを、笑いの中に読みとることができる。

あるいは正月。「何かおめでたい言葉を」と頼まれた仙厓は、『親死子死孫死』――「親死ぬ、子死ぬ、孫死ぬ」と揮毫《きごう》し、「縁起でもない」と絶句する相手に言う。

「親が死に、子が死に、そして孫が死ぬ。死ぬことは万人平等だが、この順序が狂うと人間の苦しみは倍加する。この順序どおりに逝くことが家の繁栄の元というものだ」

さらに、二十五両ものお布施をまるい盆に載せてうやうやしく差し出した商人に対しては、盆を裏返すと筆をとり、『おごるなよ　月の丸さも　ただ一夜』――まるい盆を月に見立て、即興で軽妙な一文を認《したた》めたりもする。

こうしたエピソードは枚挙にいとまがなく、仙厓の人物評は定まりにくい。「聖福寺中興の祖」という賛辞から「僧衣をまとった田舎絵師」「西海一の奇僧」と呼ばれたりもするが、人生を一言《いちごん》で喝破してみせる仙厓は賞賛をもって語られる。だが、ここに至る半生は、名利《みょうり》を求め、満たされぬ境遇に苦しみ、絶望から自殺未遂まで図っている。

私が仙厓の半生に興味を引かれるのは、求道《ぐどう》の禅僧ですら煩悩地獄をのたうつという人間の実相である。仙厓が身を焦がした煩悩地獄を念頭に「死にとうない」という臨終の言葉を味わうと、また違った一面が見えてくる。

坐禅蛙画賛

提供：出光美術館

煩悩地獄をのたうつ

仙厓は江戸時代中期の一七五〇（寛延《かんえん》三）年、美濃国武儀《むぎ》郡（現・岐阜県関市）の小作農、井藤甚八の子として生まれる。貧しく、満足に食事もとれなかったためか虚弱体質で、悪童たちにいじめられた。後年、自ら「猿の日干し」と評するような容貌も、いじめの一因であったのだろう。仙厓は村はずれの寺で、ひとり隠れるようにして過ごしていたとも伝えられるが、これを機縁として十一歳のとき、出家して空印円虚《くういんえんこ》が第十世住職を務める名刹《めいさつ》・清泰寺《せいたいじ》（同県美濃市）に入る。

清泰寺では、こまねずみのようになって働き、経本に没頭する。僧侶として大成するほか身を立てる道はないと、子供心に決意していたのだろう。十九歳のとき、学僧の修行の場として全国に聞こえた東輝庵《とうきあん》（横浜市）の門を叩き、月船禅慧《げっせんぜんね》のもとで修行。七年の研鑽《けんさん》をへて、「東輝庵の四天王」と評されるまでになる。我が身の洋々たる前途を思い描き、心を躍らせたことだろう。

チャンスは二十六歳のときにやってくる。得度した清泰寺から第十二世住職を打診される。辛酸を舐めた故郷に錦を飾るのだ。仙厓は欣喜雀躍《きんきじゃくやく》するが、東輝庵の月船老師はこれを断り、別の弟子を推挙したのだった。手にしたはずの夢が、するりと指の隙間からこぼれ落ちた。頭から冷水を浴びせられたようなショックだったろう。「まだ若い」と月船は言ったとされるが、仙厓の出自や容貌を嫌っていたともされ、断った理由は判然としない。

だが、仙厓にとって真の不幸は、修行によって悟りを求める禅僧であったことではないだろうか。市井《しせい》の人間が出世競争につまずいたときは上司を恨み、リベンジを誓うことで悩みを押さえつける。

ところが求道の世界を生きる仙厓は、つまずきに苦しむだけではなく、「名利を求める自分」にも苦しむのだ。

「師匠のバカ野郎！」

という罵《ののし》りの心と、

「そんな自分であってはならない」

という葛藤の狭間《はざま》で身を焦がす。煩悩地獄をのたうつとは、煩悩に苛《さいな》まれることを言うのではなく、煩悩に苛まれる自分を否定しようとする、その心に苦しむのだ。

仙厓は絶望の中で、書籍、書画、硯《すずり》にいたるまで一切をゴミ焼き場で火中に投じると、墓地のガケに横穴をうがち、莚《むしろ》一枚を敷いて起居する。そうして悟りを開いた——という ことになれば一篇の高僧譚《たん》になるが、人生も煩悩も、そう甘い相手ではない。

自暴自棄になった仙厓は一七八一（天明《てんめい》元）年、月船老師の入寂《にゅうじゃく》を機に十三年間を過ごした東輝庵を出る。「天明の大飢饉」のさなか、数十万人が餓死する東北地方を六年にわたって乞食行脚《こつじきあんぎゃ》したあと、郷里・美濃にもどり、師である空印和尚の草庵に寄宿する。

このとき再び清泰寺の住職就任のチャンスが訪れ、仙厓は熱望するが、またしても実現しなかった。一説には、檀家総代が貧農の出である仙厓に難色を示したともいわれるが、二度までも清泰寺住職にこだわった仙厓に、執着という人間の御《ぎょ》し難《がた》い煩悩を私は見る。

「一介の僧侶で、なぜ満足できないのか」

という問いを投げかけたら、仙厓は何と答えるだろうか。

上昇志向は誰にでもある。ヒラのサラリーマンでいるより、役職に就きたいと思う。そのために努力もする。だが、努力が報われなければ、目標をいだいたことが苦しみに転じる。この苦しみから解き放たれるには、目標を下げるか、目標そのものを捨ててヒラでいることを甘受するしかない。豊かな老後を思い描き、それが叶わないとなれば、質素であることを是とするしかない。

言葉を換えれば、

「どこで手を打つか」

ということでしか、人生の苦悩からは解放されないということになる。

身をもって知る人間の弱さ

美濃をあとにした仙厓は翌年、旅先で空印和尚の死を知る。

心の支えを失い、絶望して渓谷に身を投じたとされる。

自死の戒めを説く僧侶ですら、絶望に対して自死をもって救いを求めたのだ。それが人間の弱さであると言ってしまえば、そのとおりだろう。だが、人生が夢と二人三脚であるとするなら、もう片方の足は絶望と二人三脚になっている。現実に裏切られるのは人生の常であり、苦い思いをかかえながらも、私たちは別の道に活路を見いだす。

仙厓はなぜそうしなかったのだろうか。

僧侶なんてさっさとやめて還俗《げんぞく》し、妻を娶《めと》って畑を耕す人生もあったはずだ。それが自分に対するごまかしであろうと、私たちはそうやって現実を生きている。仙厓はそれができなかった。不遇の子供時代を送った人生を逆転させるには、僧侶として大成するしかないという囚《とら》われの心を私は見るのだ。

死のうとして、死ねなかった。しかし、死を決意して渓谷に身を投げたところで一度死んでいる。死んで、生き返ったのだ。「だから精神的に強くなった」と言っているのではない。真逆だ。弱さの自覚である。自死に解決を求めるという人間の弱さを身をもって知ったのではないだろうか。

仙厓は七十歳のときに『神儒仏三ツ足て立《でたつ》鍋《なべ》への内、熟《じっ》ツくりとしてむま《う》ひものなり』という賛を書く。日本においては神道、儒教、仏教の三者が混交しながら共存している。正月に神社に初詣に行き、亡くなれば仏教で葬式。社会規範や道徳、生き方には儒教が大きく影響している。禅僧だからといって禅を押しつけるのではなく、神儒仏を一緒に放り込んだ鍋でじっくり煮込んだ汁から、自分に効く養分を受けとってもらえばよい――と仙厓は説く。

「かくあらねばならない」

という鋳型《いがた》に嵌《は》めた生き方や価値観からの脱却であり、ここに仙厓の真骨頂と魅力があるが、それは後年のこと。自殺未遂をしたとき、仙厓は人生に煩悶する三十八歳の壮年であった。

二年後、東輝庵で最年長の弟子であった太室玄昭《たいしつげんしょう》の奔走で、仙厓は博多の安国山聖福寺・第百二十三世に推挙される。臨済宗開祖の栄西が建立した最古の禅寺であることはすでに紹介した。境内には禅宗様式の七堂伽藍《しちどうがらん》、そしてまわりには総門・開山堂・護聖院《ごしょいん》・経蔵《きょうぞう》や塔頭《たっちゅう》が建ち並ぶ。よもやこの名刹の住職に就くなど、仙厓は夢にも思わなかったに違いない。先輩諸僧の慈悲と高配に、どれほど感激したことだろう。

一七八九（寛政元）年、仙厓は博多に赴く。聖福寺の山門には、後鳥羽上皇直筆による《扶桑《ふそう》最初禅窟《ぜんくつ》》の扁額《へんがく》が掛かる。由緒を誇る禅寺であったが、経済的な困窮だけでなく、坐禅も満足に行われていなかった。仙厓は寺の復興と弟子の養成に全身全霊を懸ける。

一切を捨てて生きる

一度、地獄を見てのち、チャンスを得た人間の処し方には二つある。二度とそこへ落ちまいと「生」にすがりつくか、助かった命は余生として開き直るか。

「生」にすがりつけば、二度と地獄へ落ちまいと必死の努力をする。だが、眼下の地獄を見すえるこの生き方は、常に地獄の影がつきまとうため、心の平静は得られまい。開き直った者は眼下の地獄に目もくれない。失うものはないと腹をくくれば、恐いものはない。

象徴的なエピソードがある。

住職として赴いた翌年の秋のことだ。凶作による大飢饉にあえぐ領民をよそに、福岡藩主・黒田斉隆《なりたか》は「菊見の宴」を主催し、仙厓も招かれる。憤然とした仙厓は宴の前夜、激しい雨の中を菊花園に忍び込むと、斉隆が大切にしていた菊花を鎌で残らず刈り取ってしまうのである。

そして翌朝。激怒する斉隆の前に進み出た仙厓は、自分が刈り取ったのだと伝えてから、

「三十万領民と、菊花のどちらが大事とお思いか」

と迫った。〝お手打ち〟を覚悟しての説教に、斉隆も感じ入るところがあったのだろう。「菊

見の宴」は翌年から沙汰《さた》やみとなる。東輝庵での修行時代、郷里・清泰寺に住職として錦を飾ることを渇望した学僧の、これが十五年後の姿であった。

仙厓は、自分の顔を「猿の日干し」と言って笑う。身なりかまわず、生涯を黒の粗末な袈裟《けさ》で通し、弟子たちでさえ乞食と間違えたという。「上昇志向」の一切を捨てた生き方ということになるだろうか。

世俗の名利も見栄も、きれいさっぱり捨て去ることができれば、これほど楽な生き方はあるまい。私たちも、そのことはよくわかっている。わかっていながら捨て切れず、捨て切れない自分が嫌になる。仙厓もそれは同じであったのだろう。

五十二歳のとき、《今年五十又添二、失却従前聰與明》と偈《げ》(詩句)に書く。「失却《しっきゃく》す従前の聰と明とを」と読み、これまで目指してきた「聡明さ」を離れて生きていくという「退歩宣言」によって、自らを律するのだった。

生に執着してこそ人間

仙厓が病の床につくのは、一八三七(天保《てんぽう》八)年初秋のことだ。八十八歳になっていた。禅僧は末期《まつご》に臨んで、門弟や後世のために死生観などを遺偈《ゆいげ》(遺訓)に示す。生涯を通じた思想の集約と言っていいだろう。

仙厓の遺偈は『来時知来処　去時知去処　不撒手懸崖　雪深不知処』――「来時来処を知る　去時去処を知る　懸崖《けんがい》に撒手《さっしゅ》せず　雪深くして処を知らず」と読む（「雪」は「雲」とする説もある）。「来時来処を知る　去時去処を知る」とは「生まれたものは、必ず死ぬものであるという哲理を知ること」という意味だが、「懸崖に撒手せず　雪深くして処を知らず」はいささか難解だ。

「寿命がきた。いま崖っぷちに掛けた手を放そうと思うが、眼下は雪が深くてよく見えないので、手を放さない」

となるが、「手を放さない（不撒手）」の解釈に諸説ある。

「いつかはこの手を放すしかない。人間は必ず死ぬ。それでいいのだ。落ちていく先がどこなのか、いまは雪が深くてよく見えない」

といった解釈もあれば、『懸崖に手を撒《さっ》して絶後に再び蘇る』という禅語を引いて、

「仙厓はあえて〝撒手せず〟（手を放さない）とすることで、絶後のことなど関心の外であることを示した」

という解釈もあるが、ここでは立ち入らない。解釈はどうあれ、仙厓の遺偈は聖福寺・

第百二十三世住職という〝立場〟が遺させたものであって、今際《いまわ》の際《きわ》に「死にとうない」とつぶやいた言葉こそ、仙厓が私たちに遺した真の「遺偈」であったろうと思うからだ。

人生につまずき、悲哀や辛酸を舐めることによって人間は大きく成長していくという。絶望を突き抜けた先に、生きて在ることの意味を見いだすともいう。仙厓の半生をたどれば、このことに誰しも納得するだろう。

だが視点を変えれば、「苦しまなければ成長できない」ということになる。「幸せになるためには、不幸にならなければならない」という矛盾を孕《はら》んでいる。不幸の先に幸福があるのではない。苦悩の先に成長があるのでもない。望んで得られぬ名利に苦しみ、求道にもがき、それを突き抜けた先に仙厓が見たのは、悟りでも幸福でもなく、これまでと変わらぬ煩悩ではなかったか。

絶望から逃れようとして自死に救いを求める自分がいれば、臨終を迎えて「もっと生きたい」と渇望する自分がいる。名利に身をやつす自分がいれば、求道に苦悩する自分もいる。五体に矛盾を宿して生きているのが人間なのだ。

「いつ死んでもええ」を口癖のようにしていた私の父が尿路感染で苦しんだとき、「ホンマ、死ぬかと思うた」と、目を丸くして喜色と安堵の表情を浮かべたことはすでに紹介した。

父のこの言葉に「生死一如」の仏法を重ね、さらに「死にとうない」というつぶやきを重ね合わせて見るとき、

「死に対する達観と、生への執着は一如の関係にあって決して矛盾するものではない」

という仙厓のメッセージが聞こえてくる。

「死は必然である」

と自分に言い聞かせながらも、凡夫である私たちは最後の最後まで生に執着するに違いない。

あがいて、もがいて、醜態をさらすかもしれないが、

「それでいい、それでこそ人間なのだ」

という決然とした肯定を、仙厓は「死にとうない」という言葉にして遺したのではなかったか。高僧が決して口にすることのない〝未練の一言《いちごん》〟であるところに、仙厓の矜持《きょうじ》と真骨頂を私は見るのだ。

聖福寺

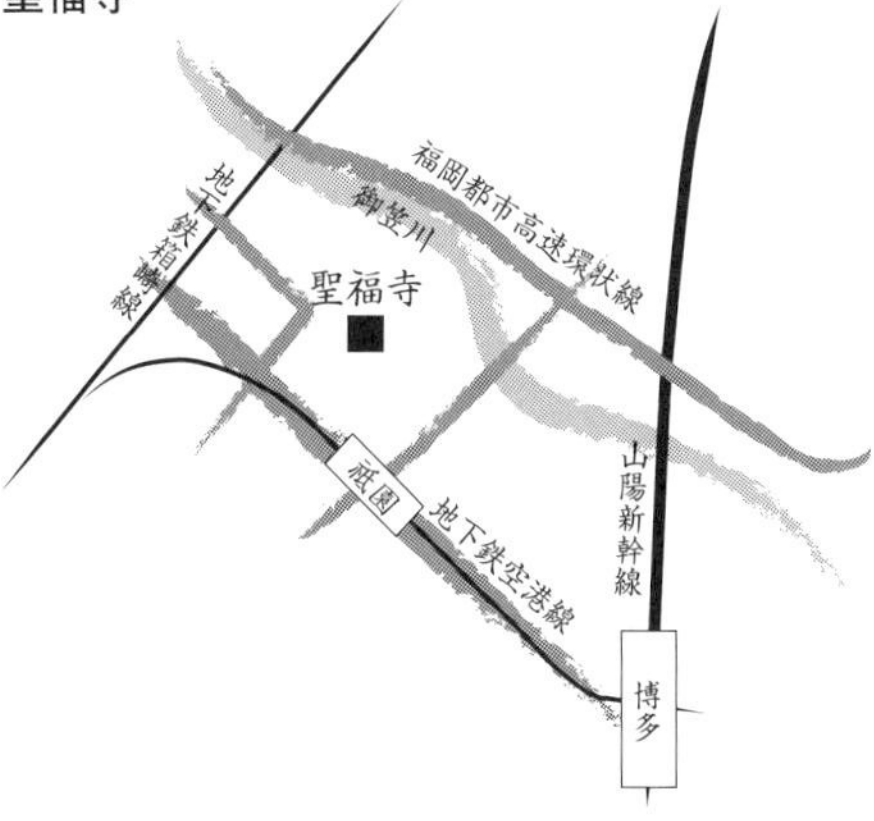

2 今際《いまわ》の際《きわ》まで「いまを生き切る」

親《しん》鸞《らん》（一一七三―一二六二）

後世をうならせるような遺偈や遺誡《ゆいかい》（遺訓）は、親鸞にはない。

浄土真宗という大宗派の宗祖にしては意外で、同派の僧籍にある私ですら、親鸞について学ぶまでこのことを知らなかった。本願寺教団が設立されるのは親鸞の曾孫である覚如《かくにょ》の時代であって、親鸞自身は教団はおろか、一カ寺さえ持っていない。最晩年はことに不遇で、住処《すみか》を転々とし、最後は実弟の家に身を寄せて息を引きとる。無名の老僧にすぎない親鸞には、後世の評価を意識した高尚な遺誡など、端《はな》から念頭になかったのだろう。

「某《それがし》、閉眼せば、賀茂川《かもがわ》に入れて魚にあたうべし」

とは生前、親鸞が口にしていたもので、これをもって臨終の言葉とされる。

「私が死んだら、遺体は賀茂川に捨てて魚に与えなさい」

とは生々しすぎる表現で、散骨がブームの現代にあってもドキリとさせられる。本願寺三世となる曾孫の覚如もそれを懸念してか、

「亡骸《なきがら》の処理をめぐって世事に執着するよりも、信心を大切とすべきことを祖師は言っている」

と『改邪鈔《かいじゃしょう》』に記す。

「葬儀などに心をわずらわせる時間があれば、念仏せよ」

というわけで、これは「本願寺三世の立場」として当然の解釈だったろう。

親鸞の真意は、私にはわからない。

「遺骨にこだわるな」

と、言葉どおりの意味で言ったのかもしれないし、遺族に負担をかけまいとする配慮であったかもしれない。覚如が言うように親鸞一流の逆説で、「もっぱらに念仏すべし」と説いたのかもしれない。釈迦は臨終に際して

親鸞の肖像画

提供：首藤光一／アフロ

「出家修行者は葬儀も遺骨崇拝もせず、仏道修行に専念せよ」と言い遺しているが、それを意識しての言葉だとすれば、

「遺骨にこだわるな。葬儀無用。もっぱら念仏すべし」

と、すべてを包含することになる。

ならばハッキリそう言えばいいものを、「遺体は賀茂川に捨てよ」と表現してみせるところに、親鸞の一筋縄ではいかない逆説的表現を見る。ちなみに遺骸は賀茂川に捨てられることなく、荼毘《だび》に付されて東山大谷の地に葬られ、この廟堂《びょうどう》が後世、本願寺として寺院化されていく。

妻帯を宣言し、公然と〝女犯《にょぼん》〟を実行してみせたのは、仏教史上、親鸞をおいてほかにいない。「悪人こそ救われる」と逆説的表現で教義を説き、「私は地獄へ堕《お》ちるしかない人間だ」と〝悪の自覚〟を吐露し、その上で人間は煩悩にまみれて生きるしかないとして、これを徹底して肯定した。

こうしたラディカルな思想にくわえて、流罪《るざい》、長男の義絶《ぎぜつ》（勘当《かんどう》）、経済的困窮、失明……など、その半生は苦労との格闘であり、激流を渾身の力でさかのぼっていくようなイメージがある。新仏教を輩出した鎌倉時代にあって、親鸞が「仏教界の革命家」と評され

るのは、教養だけでなく、そうした生き方もあってのことだろう。

老後の安穏を幸せとするなら、親鸞にはそれはない。死ぬまで苦労がたえず、荒波の一つひとつを必死で乗り越えていくような人生である。それでも親鸞は不満の一切を口にしない。嘆くこともしない。運命に身を投げ出し、現状を甘受し、不遇を逆手にとってみせる。逆境にあってなお、「この瞬間を生き切る」という積極的な人生観を、私は親鸞の「生」と「死」に見るのだ。

いまをどう生きるか

親鸞は一一七三（承安《じょうあん》三）年、京都市の東南部に位置する日野《ひの》の里に下級貴族の子として生まれる。幼くして両親を亡くし、僧侶になるため、叔父に連れられて天台宗青蓮院《しょうれんいん》の門をくぐるのは九歳のときだ。当時、得度するには中務省《なかつかさしょう》という役所の許可が必要で、その許可を得るのが夕暮れになってしまう。

「遅くなるゆえ、また出直してまいられよ。そう急ぐこともあるまい」

と、院主の慈円《じえん》が気づかったところが、親鸞は《明日ありと思う心の仇桜《あだざくら》　夜半《よわ》に嵐の吹かぬものかは》と自分の思いを歌に託して告げる。

「いま咲き誇っている桜も、夜のうちに嵐にあって散ってしまうかもしれません。私が明日まで生きている保証がいったいどこにありましょう。お願いですから、いま得度させてください」

仏教に説く無常を口にした幼子に、慈円は深く感じ入ったのだろう。その夜のうちに得度の儀を行ったのだった。

これにちなんで、私が僧籍をおく浄土真宗本願寺派の得度式は夕刻から執り行われる。平成十八年、思うところがあって私は五十五歳で得度するのだが、真っ暗に閉め切られた阿弥陀堂（本堂）で、ロウソクの明かりだけを頼りにいとなまれ、厳粛な空間の中で一人ずつ門主によって剃刀《かみそり》が頭にあてられていく。感動に心を揺さぶられながら、「明日ありと――」と詠んだ親鸞に思いを馳せ、宗祖親鸞を我が身に引き寄せる儀式と言ってもいいだろう。

得度した親鸞は比叡山延暦寺《ひえいざんえんりゃくじ》にあがる。延暦寺は寺院名ではなく、三塔十六谷三千坊を誇る堂塔の総称を言う。日本天台宗の総本山であるだけでなく、教学・戒律・密教・禅という四つの思想を学ぶことのできる最高学府として、当時、ここに修行する者は仏教界のみならず社会のエリートとされた。

親鸞は比叡山で二十年間を過ごしたのち、二十九歳で決然と山を下りていく。どんなに修行を積んでも悟りにほど遠く、煩悶したすえの決断だった。辛抱していれば将来は安泰で、しかるべき寺に入寺することができるだろう。だが親鸞は「将来」という考え方をしない。「いま」である。得度のときにこだわったように、徹底して「いまの生き方」にこだわるのだ。

山を下りた親鸞は、やがて生涯の師とあおぐ浄土宗開祖の法然《ほうねん》と邂逅《かいこう》。「絶対他力」に救いの道を見いだしていく。

「遺体は賀茂川に捨てよ」

と最晩年に言い遺す波乱の半生は、こうして幕を開ける。

「肉食妻帯《にくじきさいたい》」という大問題

法然六十九歳、親鸞二十九歳——。

親子ほど歳が違う親鸞に、

「すべての人が等しく救われる道は、念仏のほかになし」

と法然は説く。

これを専修《せんじゅ》念仏と言い、「どんな人をも必ず浄土に導く」という阿弥陀仏の誓いにすがることでしか人間は救われないとする絶対他力の教えである。

法然のもとには、多くの人々が聴聞に押しかけていた。当時の仏教は国家仏教で、貴族など特権階級のものであったが、法然はそれは仏教本来の姿ではないとして、すべての人々に門戸を開いていた。教義と、法然の人格に感激した親鸞は門弟になるのだが、ここで人生を決定づけるのが、「肉食妻帯」という僧侶の大問題である。

八百年前の鎌倉時代、僧侶の戒律は厳しく、肉食妻帯する者などただの一人としていなかったが、それは表向きのこと。僧侶の妻帯は公然の秘密になっていて、「隠すは上人《しょうにん》、せぬは仏」と世間は揶揄していた。

そこで親鸞は、僧侶の妻帯について法然に問いかけると、こういった。

「坊さんの身で念仏できないというのであれば、嫁さんをもらえばよかろう。嫁さんがいるために念仏できないというなら、嫁をもらわなければよい。妻帯するとかしないとかはどうでもよいこと。要は念仏のさまたげになるかどうか、この一点で判断すればよい」

この言葉に大きくうなずいた親鸞は、妻帯を決意する。性欲を満たすための結婚であれば「隠すは上人」でよかったはずだが、それでは偽善になってしまう。僧侶でありながら堂々と妻を娶《めと》り、子をなし、在家生活の中で念仏を実践してみせるところに、公言の意味があった。

だが、公言は〝居直り〟である。隠れてコソコソするぶんには寛容でも、居直りとなれば徹底して攻撃するのが世間のつねだ。

「色坊主！」

「堕落坊主！」

「破戒僧！」

といった悪口雑言《あっこうぞうごん》が浴びせかけられる。

並の神経ならノイローゼになるだろうが、親鸞はびくともしなかった。このときの心境を、親鸞は主著『教行信証《きょうぎょうしんしょう》』後序に、こう記している。

《ただ仏恩《ぶっとん》の深きことを念《おも》うて、人倫《じんりん》の嘲《あざけ》りを恥《は》じず》

人倫とは道徳――すなわち、その時代の価値観のことで、「世間がなんと言おうと、私は恥じるようなことは断じてしていない」と言い切るのだが、この〝居直り〟が流罪の伏線になっていくことに親鸞は気づいていない。

法然の説く専修念仏は、燎原《りょうげん》の火のように勢いを増していく。これに興福寺をはじめとする既成宗派は危機感をいだき、「念仏停止」の願いを上奏する。事件は、日増しに批判が強まるさなかに起こる。

一二〇七（建永二）年、後鳥羽上皇が熊野参拝で留守にしたときのことだ。上皇が寵愛する二人の侍女が宮中を抜けだし、美声で人気だった法然の弟子――安楽と住蓮の念仏法要に参加したことが発覚。上皇は激怒して安楽、住蓮など四人を死罪に、法然以下七人の僧籍を剥奪して流罪に処し、法然は土佐国番田《はた》（現・高知県。実際は讃岐《さぬき》国に変更）へ、親鸞は越後国国府（現・新潟県上越市）に配流《はいる》が決まる。

親鸞は法然のもとに入門して六年目。序列としては、流罪に処せられるほどの高位ではなかった。一説によると、妻帯を公言して実践するなど、破戒僧として睨まれていたからとされる。それほどに女犯は不可侵の戒律であった。「人倫の嘲りを恥じず」という信念がどれほど堅固であろうと、国家権力のまえには所詮、〝蟷螂《とうろう》の斧〟であった。僧籍を剥奪された親鸞は「藤井善信《よしざね》」という俗名を与えられ、越後へと落ちていく。

「いま在《あ》る自分」の肯定

八百年以上も昔の越後は、京の都から見れば厳寒の僻地であった。親鸞はわらじに杖をついて北陸道をくだり、難所として知られる親不知《おやしらず》を越えて木浦《このうら》（ともに現・新潟県糸魚《いとい》川《がわ》市）から船に乗りつぎ、三月二十八日、居多ヶ浜《こたがはま》（現・同県上越市）にたどりつく。山間の残雪を見やり、日本海から吹きよせる寒風に身をこごめながら、親鸞はこのとき何を思ったのだろうか。

エリートが集う比叡山延暦寺に九歳であがり、二十年間の厳しい修行を積み、法然の弟子に転じてからは念仏布教ひと筋に生きてきた人間だ。僧侶であることのほか、何もできない。このとき親鸞は三十五歳。「人生、五十年」と言われた時代であることを考えれば、現代の五十代半ばになるだろうか。

親鸞にどんな夢や希望があったのか知らない。いや、「いま」を生き切ろうとする親鸞には、日々の布教がすべてであって、私たちが将来に描くような世俗の夢や希望はなかったかもしれない。それだけに、僧籍を剥奪され、罪人として越後に流された時点で、人生は終わったも同然だ。妻子をかかえ、これから晩年をどう生きていけばいいのか。考えるだけで、絶望が襲ってくるだろう。

だが親鸞は、絶望もしなければ、わが身の不幸を嘆くこともしない。逆境を是《ぜ》として受け入れ、肯定し、敢然と現状に身を投じていく。

このときの心境について、先に紹介した曾孫にあたる本願寺三世の覚如は、親鸞の言葉として『御伝鈔《ごでんしょう》』にこう綴っている。

《法然上人が、もし流刑にあわれなかったら、親鸞も流刑となって越後に赴くことはなかったであろう。もし私が越後に来なければ、京から遠く離れた越後の人々に阿弥陀仏の本願をお伝えすることができただろうか。できなかったに違いない。なんとありがたいことであったのか。これは、みな法然上人のおかげである》

逆境は受け入れるものであって、〝踏み台〟にするものではない。「いまに見ていろ」と励みにする生き方は、逆境と対峙し、そこから抜け出そうとすることであって、「いま在る自分」を否定することになってしまう。反対に〝踏み台〟にするのではなく、感謝をもって受け入れることは、「いま在る自分」の肯定になるのだ。

親鸞は「僧に非《あら》ず、俗に非ず」と、非僧非俗の宣言をして布教に励む。「俗に非ず」という部分がこの宣言のキモで、僧籍を剥奪されてしまえば俗人であるにもかかわらず、「私は俗人ではない」

と敢然と言い切ってみせる。晩年の入口に立ってなお衰えぬ親鸞の覚悟と矜持と、そして凄味がこの一語にある。

一二一一（建暦《けんりゃく》元）年十一月、四年を経て親鸞は流罪を解かれる。妻の恵信尼《えしんに》と子供たちを伴って東国の各地を転々としたのち、常陸《ひたち》国笠間（現・茨城県笠間市）の稲田《いなだ》に腰を落ち着ける（この跡に建つのが現在の稲田禅房 西念寺）。以後、二十年間、この地で布教に心血をそそいだのち、六十を過ぎてから京へ帰っていく。

京に帰って以後は亡くなるまで布教活動は一切行わず、主著『教行信証』六巻を補筆するなど執筆に没頭する。親鸞には寺もなく、葬儀や法要といった法務にもたずさわらないため、収入はない。関東の弟子たちの仕送りで生計を立てていたともされるが、生活は決して楽ではなかったはずだ。だが、生活は苦しくとも、住処を転々としようとも、残りの人生を執筆に費やす日々は充実していた。このまま安らかな死を迎えることができれば、幸せな晩年と言っていいだろう。

しかし、そうはいかないのが人生だ。

亡骸は「魚にあたうべし」の真意

親鸞が去ったあと、関東では次第に教義がゆらぎ始める。逆説的な表現で鋭く迫る親鸞の教義は、自分に都合よく解釈される危険を常にはらんでいる。塵《ちり》が澱《おり》となって溜まっていくように、二十年を経て教義は少しずつ変容していった。

その最たるものが、のち親鸞の言葉として、唯円《ゆいえん》が『歎異抄《たんにしょう》』に記す「悪人正機《しょうき》」だ。

《善人なをもて往生をとぐ、いはんや悪人をや》

よく知られるように、善人でさえ救われるのだから悪人はなおさら救われる——という教説で、

「人間は、どんなに善行を積もうとしても、煩悩を断ち切ることができないという意味において〝悪人〟である。そのことに深く気づき、そんな〝悪人〟である自分をも救済してくれる阿弥陀仏の慈悲に感謝して生きる」

というのが本来の意味だが、これを曲解し、

「悪人であってもどうせ極楽往生するのだから、どんな悪事を働いてもかまわない」

として悪事、狼藉《ろうぜき》を働くものが出てきた。このことが「念仏の危機」として関東の門弟たちの間で深刻な問題となり、親鸞に助けを求めてきたのである。

親鸞は八十歳をすぎた高齢者。関東まで徒歩の長旅はとても無理だ。そこで信頼する息子の善鸞《ぜんらん》を名代《みょうだい》として関東に差し向けるのだが、これがさらなる混乱を引きおこすことになる。善鸞は「自分だけが父から極楽往生の秘儀を伝授された」などと触れまわり、関東の信徒たちを自分の支配下に置こうとしたのだ。

弟子の手紙でこのことを知った親鸞は半信半疑であったが、動かしがたい事実であることが判明するにおよんで、父子の縁を切る。

これが「善鸞義絶」と呼ばれる事件で、

《親鸞にそらごと（虚言）を申しつけたるは、父を殺すなり。五逆《ごぎゃく》のその一つなり。このことどもつたへきくこと、あさましさ申すかぎりなければ、いまは親といふことあるべからず、子とおもふことおもひきりたり。……かなしきことなり》

と絶縁状に書くのだった。

では、善鸞はなぜそのようなことをふれまわったのだろうか。京と遠く離れた関東の地に、〝自分の城〟を築こうとしたというよりも、善鸞のあせりがつかせたウソではなかったか。関東には有力な弟子たちが多いため、指導力を発揮するには自分を権威づける必要がある。そのあせりが「秘儀の伝授」ということを言わせたのだろう。私は空手家でもあるが、武道の世界において「秘技」を一子相伝とするのは、流派を継承する若き指導者への権威づけを必要とするからである。

おそらく親鸞は、善鸞の苦衷《くちゅう》がつかせたウソであることに気づきながら、父子の縁を切ることで、〝教義の曲解〟に対して毅然たる態度を示してみせたのだろう。泣いて馬謖《ばしょく》を斬ったのだ。親鸞の父親としての煩悶は、義絶そのものよりも、善鸞に重荷を背負わせた自分への悔悟であったものと私は考える。一二五六（建長《けんちょう》八）年、親鸞八十四歳のときのことであった。

義絶の心痛がよほどこたえたのか、次第に視力を失っていく中で親鸞は執筆に没頭する。主著の『教行信証』を別にして、十八ある著作のうち十五が、八十三歳以降の四年間に集中している。凄まじいまでの精神力と賞賛されるが、その根底に、善鸞を名代に立てたことの悔悟を見る。みずから著作を通して説くしかないと腹をくくり、老体にムチ打っての執筆とするなら、義絶という悲しみを肯定的に転化したということになるだろう。

親子に限らず肉親は、一つボタンを掛け違えれば骨肉の憎悪にもなる。

「あのとき、ああしておけばよかった」

という後悔は常についてまわる。

悔悟すれば切りがなく、そして決して過去に戻ることはできない。すでに起こったこと、終わったことは受け入れるしかなく、問われるのは、それを人生にどう活かすかということであることを、親鸞の「生」に見る。

一二六二（弘長《こうちょう》二）年十一月二十八日午《うま》の刻（昼の十二時ごろ）、親鸞は九十歳の生涯を閉じる。末娘の覚信尼《かくしんに》、そして関東や越後から駆けつけた門弟たちに看取られての最期であった。釈迦がそうであったように、頭を北にし、顔は西に向けて、ひたすら念仏を唱えながらの大往生だったと伝えられる。

「某、閉眼せば、賀茂川に入れて魚にあたうべし」

という親鸞の遺言は、門弟たちに対しては「もっぱら念仏せよ」という諭《さと》しであり、遺族に対しては「葬儀は身の丈にあったものでいい」という配慮であり、親鸞自身に対しては、

「浄土に仏として生まれ変わるのだから、死は恐れるに足らず」

と言い聞かせたものではなかったか。

「魚にあたうべし」

という言葉は、捨て鉢になって口にすればこれほど悲しいものはない。

だが、敢然と死を受け入れるために発する言葉であるとするなら、これほど力強いものはないだろう。

そして死を受け入れるとは、臨終の瞬間まで「いまを生き切る」ということなのである。

親鸞の「死」に、私は親鸞のそんなメッセージを聞くのだ。

稲田禅房　西念寺

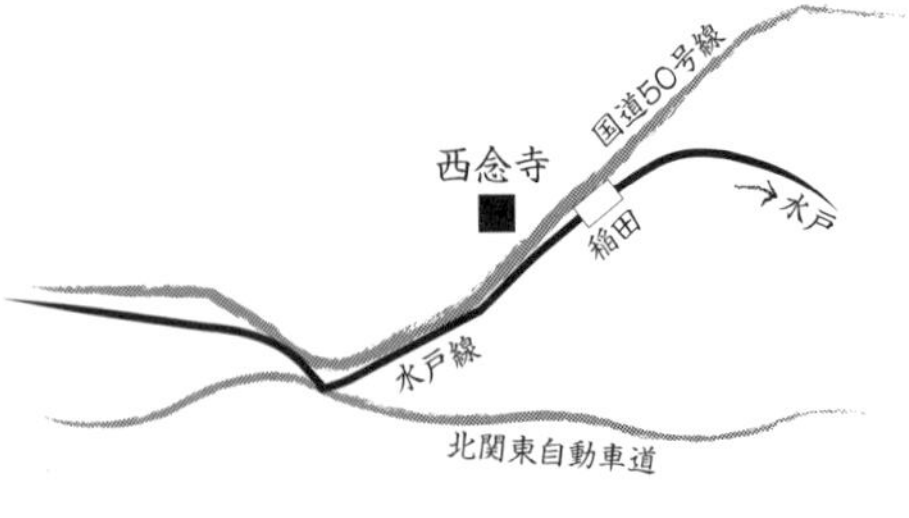

3「自分を縛るもの」を知れば、楽に生きられる

一《いっ》休《きゅう》（一三九四―一四八一）

一休宗純《そうじゅん》の頂相《ちんぞう》（肖像画）を初めて見た人は、誰もが驚く。

ぼさぼさの頭髪、無精ひげ、よれよれの衣、そして横目をこちらに向けた初老の顔は、ひと癖もふた癖もありそうな面構《つらがま》えをしている。

この異様な風体で『世のなかは、喰うて糞して寝て起きて、さてその後は死ぬるばかりなり』と、人生を斜に見るような句はまだしも、『美人の陰《ほと》に、水仙花の香り有り』――美しい女性の愛液は、まるで水仙花のような香りだと、老境のセックスの歓びを詠むに至っては、

（これが、あの一休なのか？）

と、私ならずとも衝撃を受けるだろう。

アニメや絵本で知る「一休さん」は、くりくり頭の可愛い坊やだ。「頓知《とんち》の一休さん」と「禅僧の一休宗純」は別人ではないか——と、私は首を傾げたものだが、肖像画は弟子の墨斎《ぼくさい》の手になるもので、東京国立博物館の所蔵であるという注釈を見れば、一休の素顔と認めざるを得ないだろう。ちなみに『一休咄《ばなし》』は、一休が京都・安国寺で修行していた小僧時代をもとに創作されたものとされ、一休自身は愛らしさの対極にあって、数々の奇行は後世、「風狂の僧」と評された。

一休は公然と酒を酌み、遊里にも通う。七十八歳で若い盲目の女旅芸人に惚れ、一休が亡くなるまでの十年間を一緒に暮らす。同棲を始めて二年後の八十歳のときには、不本意ながらも、朝廷の勅命によって臨済宗大徳寺派大本山の住持《じゅうじ》（住職）の座にも就《つ》く。

著名な禅僧でありながら、これほどの〝奇僧〟はいまい。正月元旦、竹竿の先に髑髏《どくろ》を結びつけ、「御用心、御用心」と言いながら街中を練り歩く。「人生は短いぞ。正月だと浮かれるのもいいが、冥土がそれだけ近くなっていることを忘れるな」——という警鐘である。

あるいは、朱鞘《しゅざや》の太刀を差して往来を歩く。坊主に太刀とは異様で、理由を尋ねられると、一休は鞘を払って見せる。刀ではなく、ただの木刀である。大笑いする人々に、一休は大真面目に言う。

「何を笑うか。いまどきの坊主は、この木刀と同じではないか。鞘に入れておけば立派に見えるが、中身はただの木刀にすぎぬ」

と、痛烈に批判をしてみせる。

その「風狂の僧」が、死について、こんな言葉を遺している。

『生まれては死ぬるなりけり押しなべて　釈迦も達磨《だるま》も猫も杓子《しやくし》も』

お釈迦さんを引き合いに出し、達磨・猫・杓子をユーモラスに絡めながら、

「死ぬのは、お宅だけと違《ちや》いまっせ」

と、京都人らしく関西弁で、飄々《ひようひよう》と説法して歩いたことだろう。

ならば一休は〝必然の死〟について何を言わんとしたのか。

まさか「風狂の僧」が「今日を精一杯に生きなさい」などと言うはずがあるまい。その答えを、一休の半生から読み解いてみたい。

天皇の御落胤《ごらくいん》という出自

一休宗純は一三九四（明徳五）年一月一日、後小松天皇の御落胤として京都嵯峨で生まれ

る。本来であれば高貴な血を引く一人として、しかるべく人生を歩むところだろうが、南北朝が統一されてわずか一年余り。父親の後小松天皇が北朝であるのに対して、母親は南朝の公家の娘。妾腹の子という不安定な立場を案じた母親は、六歳になった一休を京都・安国寺で出家させる。

反骨と、舌鋒《ぜっぽう》鋭い批判精神は、すでに十六歳のときに見て取れる。ある高僧が説法のなかで、自分の家柄を誇らしげに語ったことに対して、

『法を説き禅を説きて姓名を挙ぐ　人を辱かしむるの一句聴いて声を呑む』――「仏法や禅を説く坊主が家柄を誇るとは、恥ずかしくはないのか」と痛烈に批判している。

「家柄を言うなら、俺の父親は後小松天皇だぞ」

という屈折した思いがあったのか、あるいはその反動で権威というものに対する反発があったのかはわからない。誇れざる出自は往々にして反骨精神を宿すといわれるが、こうした姿勢は一休の生涯を貫く。

十年を安国寺で過ごした一休は、さらに研鑽を積むべく謙翁《けんおう》の門を叩く。謙翁は権威を嫌って終生、清貧に甘んじた気骨の禅僧だ。若くして悟りを開き、師僧が「印可《いんか》の偈《げ》」（悟りの証明）を授けようとしたところが、「私はそれに値しない」として辞退する。このこ

とから謙遜の一文字をとり、尊崇の念をもって「謙翁」と称されるようになる。一休は謙翁に心酔し、禅僧としての理想を見る一方、謙翁もまた一休の非凡な才能と純粋な求道心を認め、渾身の指導をする。

求道とは悟りを求めて修行することだ。悟りとは「心の迷いを払い去って、生死を超えた永遠の真理を会得すること」という意味だが、私たちの現実生活に即して言えば、

「自分は何のために生きているのか」

という懐疑と苦悩に対して、答えを求めていくことを言う。

言い換えれば、懐疑と苦悩が大きければ大きいほど、それに比例して求道心もより純粋化されることになる。この時期の一休は、出自と境遇に真剣に悩んでいたのだろう。

そして五年が過ぎて、謙翁が言った。

「もはやおまえに教えるべきことは何もない」

と、一休が悟りの境地に達したことを認めた上で、

「しかし、わしは師から悟ったという証明をしてもらっていない。だから、おまえが悟ったという証明もしない」

と告げるのだった。

死と生は等量

私たちにとって資格は、世間を渡っていくパスポートだ。

師僧が「印可の偈」を授けないというのは、学校を卒業したことは認めるが、卒業証明書は出さないということと同じだ。

「じゃ、これまでの苦労と難行は何のためだったのか」

と、私たちなら愕然とするだろうが、愛弟子《まなでし》に言い切った謙翁も凄まじく、その言葉をありがたく受け取って「生涯の師」と定めた一休も凄まじい。

禅に『啐啄《そったく》の機』という言葉がある。ヒナが卵から孵化《ふか》するときの様子を、子弟関係に譬《たと》えたもので、ヒナが内から嘴《くちばし》で突っつくと同時に母鳥も外から突っつき、タイミングがぴったりと合ったときに殻が割れてヒナが誕生する。善き師に出会うことを人生の至福とするなら、このときの一休がまさにそうであったろう。

だが、一瞬先に〝暗転〟が大きく口を開けて待ち構えているのが人生で、この直後に謙翁が急逝する。一休は激しく動揺し、悲しみに暮れる中で将来の展望を見失ってしまう。自分がこれから進むべき道を求め、一休は石山観音の霊験《れいげん》を求めて石山寺のお堂に七日間の参籠《さんろう》をするが、ついぞ霊験は現れなかった。そして失意の一休は、石山寺の帰途、橋の欄干から川へ身を投げようとして男に止められる。二十一歳のときだった。

一休の気持ちは理解できる。だが、最愛の人を失う悲しみは、すべての人間が等しく有する業《ごう》であり、私たちはその悲しみを呑み込み、ときに自死の誘惑を断ち切って次のステップを踏み出していこうとする。

なぜ、一休はそうしなかったのか。

当時の心境を振り返って、一休は後年、次のように記している。

「生るも死ぬるも、すべて大士（石山観音）の思し召しである。もし一命を取り留めれば、大士の加護に酬《むく》いるために全身全霊を尽くそう。たとえ死んだとしても、他日必ずや所志《しょし》を貫徹してみせる」

一休のこの言葉から、禅宗に説く『大死《だいし》一番、絶後に蘇る』という言葉を、私は思い浮かべる。ここで言う「死」は「これまでの自分を断ち切る」という意味で、

「これまで生きてきた一切の現実的なものを思い切り、死に切らなければ、真実の自己に蘇ることはできない」

と解釈されるが、一休は悲歎と絶望の中で、文字どおり〝大死一番〟を実践しようとし

たのではなかったか。

市井人の自死は、「死」をもって絶望からの逃避を図るものだ。そこに「生《せい》」が入り込む余地はない。だが一休のそれは死ぬことを目的とするのではなく「死ぬか、生きるか」と、死と生が等量になっている。両者を等量とした上で、どっちに転ぼうが、それを運命として甘受するという毅然たる処し方だ。

俗な言葉で言えば、

「死ぬか生きるか、運否天賦《うんぷてんぷ》は仏にまかせた」

ということになる。

これには度胸がいる。

覚悟がいる。

結果を人智の外に求め、一切を甘受するという諦観を、私は一休に見るのだ。

生き残った一休は、師を求めて行脚の旅に出る。やがて琵琶湖のほとり、近江堅田《かたた》（現・滋賀県大津市）の禅興庵（現・祥瑞寺《しょうずいじ》）の門を叩くが、一言のもとにはねつけられる。住持の華叟宗曇《かそうそうどん》は臨済宗大徳寺派きっての名僧として知られ、彼もまた権威や虚飾に背を向ける硬骨峻烈な禅僧であった。

煩悩と悟りの狭間に遊ぶ

入門を請うて、一休が門前に座り続けて五日目のことだ。

外出しようとした華叟が一休を見て、

「水をかけて追い払え」

と命じ、弟子はそのとおりにしたが、それでも一休は微動だにしないで座り続ける。やがて帰庵した華叟は、一休の意志の堅さに感じ入り、入門を許すのだった。

禅興庵は赤貧洗うがごとくの生活で、弟子たちの衣食にも事欠くありさまだったが、名利に背を向ける華叟の生き方は、一休が求めてやまないものであった。華叟は指導の苛烈さで名を馳せていたが、一休の非凡な才能を見抜き、よりいっそう厳しく接した。

四年が過ぎ、禅の境地をさらに高めた一休に、華叟は「三頓《さんとん》の棒」という公案を与えて解答を求める。公案とは、禅僧が悟りに至るための課題で、決まった解答があるわけではなく、答えに達したかどうかは師が判断する。

ちなみに、これまで「一休」として呼び名を統一してきたが、一休という号は、この考案に対する回答から華叟が授けたものだ。そういう意味からも、「三頓の棒」の解答には一休の禅僧としてのすべてが詰まっており、「風狂の僧」はここを源流とする。

一頓は二十を意味することから、「三頓の棒」とは、棒で六十回打ちのめされることを言い、この公案はこんなエピソードで語られる。

唐時代、修行僧の洞山《とうざん》が徒歩で何千キロもの命懸けの旅をして、雲門《うんもん》禅師に参謁《さんえつ》したときのこと。雲門禅師が「最近、お前はどこにいたのか」と問うと、「○○におりました」と、ありのままに地名を告げたところが、

「お前に三頓の棒を与える」

と言い放ち、洞山は六十発も棒で打ちのめされる。

わけがわからないのは洞山だ。師がなぜ怒ったのか意味がわからない。苦悩し、参禅を重ね、やがてその意味を感じ取り禅の真髄を悟る――というものだ。

「最近、お前はどこにいたのか」

という問いかけが公案で、禅家では難問中の難問とされるが、一休はこれにこう答える。

「有漏路《うろじ》より無漏路《むろじ》へ帰るひと休み　雨降らば降れ風吹かば吹け」

有漏路とは煩悩にとらわれた現実の世界で、無漏路は仏の智慧に抱かれた悟りの世界のことだ。両者は相反する関係にあるため、悟りを求めれば、いま生きている現実世界を否

定することになる。現実世界を否定したのでは、人間の存在そのものの否定になってしまうため、悟りを求めることは当然なくなる。

一休の答えを、私なりにざっくり解釈すれば、

「だから、どちらの世界にも執着せず、私は狭間に立って両者を自在に行き来する」

という意味になり、このような立場にいれば風雨など関心の外で、何の痛痒《つうよう》も感じないということになる。

「最近、お前はどこにいたのか」

という問いに対して、

「有漏路無漏路の境でひと休みしていました」

と、悟りの境地を答えたというのが、私の解釈で、華叟はこの答えに大きくうなずいて、「ひと休み」――すなわち「一休」という号を与えるのだった。悟りと、煩悩にまみれた現実世界を自在に行き来する一休の自在な生き方は、世間の常識からすれば「風狂」ということになる。

翌年、二十七歳のある夜、一休は禅において最高の境地とされる「大悟徹底《たいごてってい》」する。湖

上に浮かべた小舟の上で坐禅を組んでいた一休は、カラスの「カァ」という一声を聞いて豁然《かつぜん》として悟る。「大悟徹底」がどういう境地を言うのか私には説明することはできないが、一休が嬉々としてこのことを華叟に報告すると、「それは羅漢《らかん》（小乗の修行者）の悟りであり、作家《さっけ》（真の悟道者）の境界ではない」――要するに「まだまだだ」と認めなかった。

かつての一休であれば、さらに修行に励んだであろう。だが、自分は「有漏路無漏路の境でひと休みしている」と喝破した一休は、

「それが羅漢の悟りというなら、羅漢でけっこう」

憤然として言い放ったのだった。

これに深く感じ入った華叟は、「それでこそ真の作家だ」と認め、印可状を認《したた》めて一休に渡すのだが、

「こんな無用のものを」

と、それを放り出して室を出て行く。

それでも華叟は、この印可状を弟子の源宰相に託し、自分の死後、一休に渡してほしいと遺言する。一休が四十四歳の年に華叟は亡くなり、源宰相は印可状を手渡した。一休は一読して、火中に投じる。大切なのは師・華叟が認めてくれたことであって、一片の紙切

れにどれほどの意味があろうか。それが一休の思いだったという。

大悟徹底した翌年、一休は華叟の元を去って、京都を中心に大和、摂津、伊勢などを巡歴。六十三歳で薪村《たきぎむら》（現・京都府京田辺市）の妙勝寺を復興するまで、三十五年にわたって一所不住の生活を送る。妙勝寺を酬恩庵《しゅうおんあん》と名づけ、境内の一隅に小庵を結んで生涯をここで起居する。一休宗純の高名は広く轟いていて、連歌師の柴屋軒宗長《さいおくけんそうちょう》や茶人の村田珠光《じゅこう》、俳諧師の山崎宗鑑《そうかん》といった錚々たるメンバーが一休を慕って集うのだった。酬恩庵は現在は「一休寺」として、多くの人が訪れている。

人生は借用書

一休が、遊芸人で盲目の美女と出会うのは七十八歳のときだ。女の名を「森《しん》」という。三十歳前後と言われ、一休との年の差は五十歳ほどになる。二人の同棲は、性に寛容な現代社会においても、老いらくの〝恋狂い〟として世間の顰蹙《ひんしゅく》を買うだろう。

まして、その名を知られた禅僧の一休が、彼女との情交を『狂雲集』と題した詩編に詠むのだ。「美人の婬水《いんすい》を吸う」「美人の陰に、水仙花の香り有り」と、赤裸々な肉欲を綴る。いまから五百五十年も前の時代、不浄のものとされた婬水を吸うというのだ。冒頭で紹介したように、異様な風体の老僧のこの言葉を、世間はどう受け止めたのであろうか。

人間である以上は生命の根源たる肉欲は厳然として横たわっている。だが、一休が「森」と同棲したのは、肉欲に押し切られたのでも、自分の欲求に素直に従ったのでもあるまい。「世間体」という、人間を縛るもっとも強靱な鎖を断ち切り、「有漏路無漏路の境でひと休み」という悟りの境涯を過ごすには、とことん自分を貶《おとし》めるしかなかったのではないか。

公言し、行動で示し、世間の顰蹙を買い、罵倒されることで、鎖の一つひとつが断ち切られていく。そうでなければ、一休ほどの禅僧が、あえて「美人の婬水を吸う」などと詩歌に詠むはずがないだろう。華叟が遺言として渡した印可状を火中に投じてみせたのと同じ反骨精神が、森との愛欲生活に見て取れる。

こうした一休の半生をなぞった上で、先に紹介した『生まれては死ぬるなりけり押しなべて　釈迦も達磨も猫も杓子も』という一句を改めて読み返すと、

「人生のゴールは一着もビリもない。死んだらみんな同着や」

という一休の人生観が浮かび上がってくる。

ゴールにおいて同着になるにもかかわらず、私たちは人を押しのけ、足を引っ張り、鼻先を競《せ》りながら生きている。あるいは世間体を尺度とし、「どう思われているか」という

ことに心を砕く。愚かであると承知し、愚かな自分を変えたいと願いながらも、結局、世間体に負けて行動に移せないでいる私たちを、一休宗純は、

「釈迦に達磨に猫、杓子」

とユーモラスを装いつつ、揶揄してみせたのではないだろうか。

世間の目には同じ奇行に映ろうとも、無自覚の奇行と自覚のそれは、精神性において厳然と違っているのだ。

一四七四（文明六）年、応仁の乱で荒廃した大徳寺再興を、一休は朝廷より命ぜられる。盲目の美女との愛欲を赤裸々に詩歌に詠み、奇行をもって世間に知られる「風狂の僧」が、由緒を誇る大徳寺住持になる。「風狂」の背後にある一休の高い精神性を、誰もが感じていたという証左と言って差し支えあるまい。一休は固辞したが、周囲の懇願に押され、やむなく住持を引き受けるのだが、忸怩《じくじ》たる思いがつきまとっている。

一休は住持になった心境を、詩句にこう詠む。

『五十年来蓑笠《みのかさ》の客　慚愧《ざんき》す今日紫衣《しえ》の僧』

紫衣は朝廷から下賜《かし》される紫色の衣のことで、権威の象徴をさす。これまで一介の禅僧

として、蓑笠をかぶって行脚してきた自分が、いまこうして紫衣をまとうことになろうとは、何とも恥ずかしいことよ——といった意味だ。

一休が酬恩庵で息を引き取るのは、一四八一（文明十三）年十一月二十一日。寝るがごとくして坐逝（坐禅したまま死ぬこと）したと伝えられる。

辞世にこう詠んだ。

『借用申す昨月昨日、返済申す今月今日、借り置きし五つのものを四つ返し、本来空《くう》にいまぞもとづく』——「これまで生きのびて来た歳月は、いわば借用に及んだ歳月のようなもの。今月今日いよいよ命終《みょうじゅう》に際して返済申そう」という意味だ。

人生を〝借用書〟と喝破してみせる。達観とは、こういう心境を言うのではないだろうか。

酬恩庵　一休寺

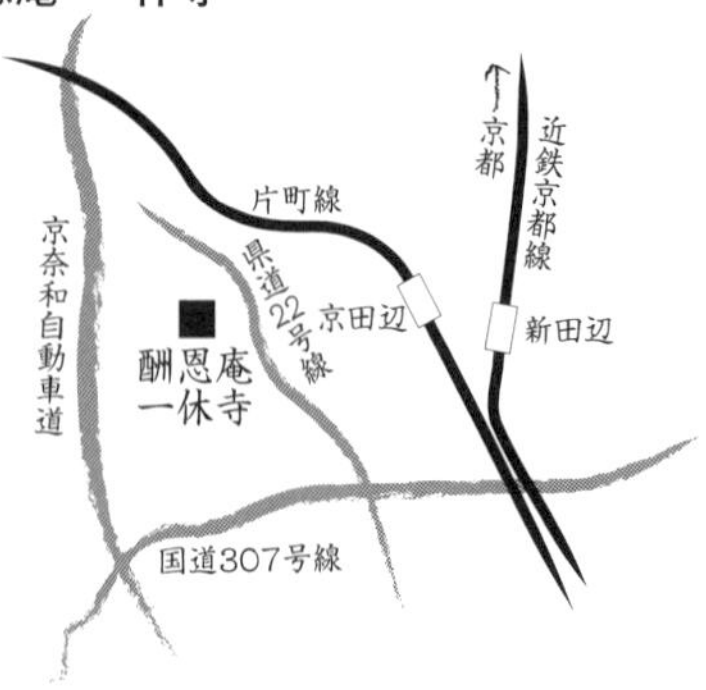

4　生きてきた人生そのものが最大の形見

良《りょう》　寛《かん》（一七五八－一八三一）

「僕は良寛に惹かれます」

一杯やりながら言うと、

「なんでやねん？」

と、関西出身の先輩記者が、唇の端を曲げて聞き返してきた。

四十年前――当時、私は二十代なかばの生意気盛りで、

「だって良寛は出世も財も望まず、晩年は山腹に粗末な草庵を結んで晴耕雨読の日々を過ごすんですよ」

と、したり顔で良寛の詩句の一節――『優游《ゆうゆう》復《また》優游《ゆうゆう》』を引いてから、

「優游とは〝ゆったりしている〟という意味で、〝世俗の一切に囚《とら》われることのない草庵

の日々は、ただ優游としか言いようがない〟と詠んでいるんです。自然に囲まれた生活を無上の喜びとする生き方。惹かれますねぇ」

　すると先輩記者はフン、と鼻を鳴らして、

「なら、おまえ、さっさと記者の足を洗って山の中に住んだらええやないか」

と言った。

　不意をつかれ、返す言葉に詰まる私にさらに追い打ちをかける。

「出世したり財を成すのは大変だが、それに背を向けるのは簡単だ。山の中に掘っ立て小屋を建てて住むことも、その気になればすぐできるやろ。なんでおまえは、そうせえへんのや？」

　辛辣《しんらつ》な皮肉に、私はムッとするばかりだった。

　いまなら良寛に惹かれる理由はよくわかる。世俗を離れ、草庵でゆったりとした生活を送ることと自体ではない。私たちが願望しながらも実践できないこと——すなわち名利に背を向け、欲と打算を断ち切ってみせた、その生き方に惹かれる。

　僧侶の使命は人々に仏道を説き、教化していくことにある。だが良寛は、ほとんど説法をしていない。生涯にわたって寺を持たず、持とうともしない。諸国を行脚《あんぎゃ》したとされるが足跡は不明で、晩年は郷里の越後に帰り、山腹の草庵で「優游復優游」の日々を送る。僧侶としての活動はほとんどしていないに等しい。

　その代わり、約五百首の漢詩と約千四百首の和歌を残している。推察すれば、みずから辿り着いた「死生観」を文字に託すことが、良寛にとっての説法ではなかったか。没後百八十余年を経てなお、良寛の言葉から、私たちは人生について多くのことを学ぶ。

　くわしくはあとで紹介するが、良寛は名主《なぬし》の跡継ぎという立場を放り出して出奔《しゅっぽん》。出家して二十年後、四十七歳のときに乞食僧として郷里にもどり、山腹に暮らす。

　その半生を振り返って、良寛は詩句にこう詠む。

少年より　父を捨てて　他国に走り
辛苦　虎を画いて　猫にもならず
人あって　もし　箇中《こちゅう》の意を問わば
これは　これ　従来の栄蔵生《えいぞうせい》

「栄蔵」は良寛の俗名で、意味は次のようになる。

「若いときに父のもとを離れ、他国におもむいて仏道の修行に励んだが、苦労の甲斐もなく、虎を描こうとして猫にもなっていない。もし人が、私の胸中を尋ねたならば、出家前の栄蔵と少しも変わらないと答えよう」

親不孝を悔いる良寛の思い――と解釈されてもいるが、私は達観の境地を読み取る。

「若い頃に描いた夢や希望は、結局、万分の一さえ叶わなかった。虎になろうとして猫にさえなれなかったようなものだが、それはそれでいいではないか。過去を悔やむな。人生がどうあれ、自分は自分なのだから」

良寛を貫く死生観は、この徹底した「自己肯定」にあるのではないか。良寛の七十三年の足跡の上に和歌や詩句を置いてみると、そのことに気づかされるのだ。

どんな境遇も受け入れる覚悟

二〇〇九年二月、私は良寛について書くため、新潟県・国上山《くがみやま》の草庵を訪ねたことがある。越後線分水《ぶんすい》駅が最寄りで、山腹に立つと、正面に佐渡、左手には歌手ジェロのデビュー曲『海雪』の舞台となった出雲崎《いずもざき》を望む――と記せば、おおよその位置がわかっていただけるだろうか。

五合庵

写真：山口範子／アフロ

残雪に立つ草庵は「五合《ごごう》庵」と呼ばれ、六畳ほどの広さだ。筵敷《むしろじき》で、戸口は菰《こも》すだれというう粗末なものだった。家具はいっさいなく、一つのすり鉢で味噌をすり、食器にし、顔や手まで洗った。ちなみに五合庵という名は、ここに最初に住んだ僧の万元が、国上寺《こくじょうじ》の住職から一日に五合の米を給されたことに由来する。

良寛が暮らした江戸時代後期、積雪は一メートルを超えたというから、身を切るようなすきま風の中で坐禅を組み、詩句を詠んだことになる。この過酷な生活環境にあって、良寛は、こんな詩句を詠む。

生涯身を立つるに懶《ものう》く　騰々《とうとう》として天真に任《まか》す
嚢中《のうちゅう》三升の米　炉辺一束《ろへんいっそく》の薪《たきぎ》
誰か問わん迷悟《めいご》の跡　何ぞ知らん名利《みょうり》の塵《ちり》
夜雨《やう》草庵の裏《うち》　双脚等閑《そうきゃくとうかん》に伸ばす

意味は「立身出世に興味はなく、あるがままにまかせて生きている。頭陀袋《ずだぶくろ》には托鉢でいただいた三升の米があり、囲炉裏のそばに暖をとるための薪がある。迷いだの悟りだのということは自分にはどうでもよいことであり、まして名誉や財産などは知ったことではない。雨の降る静かな夜、庵で気ままに両足を投げだして座っているだけである」ということになる。

悟りの境地といえば、そうだろう。だが、詩句に詠む以上、人の目を意識した作品であり、メッセージであり、僧侶としての説法でもある。その視点で読み解くと、

「どんな境遇にあろうとも、それを是として受け入れれば思いわずらうことはない。自分を苦しめるのは、ないものねだりをする、その心だ」

という良寛の声を聞く。

出世から背を向けて

良寛は一七五八（宝暦八）年十月二日、越後出雲崎（現・新潟県三島郡出雲崎町）で名主・橘屋の長男として生まれる。長男として家督を継ぐ立場にあり、十六歳で名主見習いになる。

当時、出雲崎は寺泊《てらどまり》とともに佐渡金山の窓口として賑わい、良寛は色町遊びも人並みにしている。繊細で、ときどきもの思いに沈むことから「昼行灯《ひるあんどん》」と呼ばれるが、これは〝名主の跡取り〟という、おっとりとした性分も影響しているのだろう。前途は約束されており、このままいけば生涯を何不自由なく暮らせたはずだが、あらかじめ敷かれたレールなど、人生には存在しない。

名主見習いになって二年後の十八歳のとき、漁民と代官との間に争いが起こる。父親にしてみれば、わが子に経験を積ませようと思ってのことだったのだろう。調停に当たらせたところが話がこじれ、良寛は名主に嫌気がさして出奔。弟の由之に家督を譲ると、隣町の光照寺に飛び込んで出家してしまうのだ。

もったいない――と、私たちなら思う。

うまく立ち回る方法は、いくらでもあっただろうとも思う。争いの詳細は不明だが、利害を調停するには、双方にいい顔をし、納得させるだけの根まわしなど手練手管《てれんてくだ》が必要になる。おそらく「昼行灯」の良寛はそうすることが苦手で、耐え難いほどの重荷であったのだろう。家督を投げ出したことを「もったいない」と思うのは、他人の苦悩は軽く見えるからで、苦悩に軽重はなく、人がそれぞれに背負うそれは等量ということなのだ。

そして四年後。光照寺で岡山・円通寺住職の国仙和尚と出会った良寛は、その人格に惹かれて円通寺に移って修行。悟ったことを証明する次の「印可の偈」を、国仙和尚から授かる。

『良《りょう》や愚の如く道転た寛《うた》し《ひろ》　騰々任運誰《とうとうにんうん》か看るを得ん《み》《え》』――「良寛よ、お前の心は広くて自由だ。お前の資質はあらゆる道に通じている。世の人々はお前を愚か者と思うかもしれないが、気にせず悠々と生きていくがよい」という意味で、この偈のとおり、良寛はここでも〝出世〟から背を向けるのだ。

円通寺に入って十二年後の一七九一（寛政三）年、国仙和尚が亡くなる。良寛は歴代住職の庵室「覚樹庵」と、生活費として正銀五貫七百二十匁《もんめ》の土地が買って与えられたほか、外護者によって田畑が買い入れられた。下世話に言えば〝左団扇《うちわ》〟が約束されたのだ。名主を投げ出して出奔はしたが、三十四歳にして大出世。いずれ、しかるべき寺に住職として入寺するだろう。〝人生の辻褄《つじつま》〟は合ったということになる。

ところが、良寛は飄然と諸国行脚の乞食旅に出る。

理由はわからない。

国仙和尚の後任である玄透即中《げんとうそくちゅう》との不仲説や、寺院の勢力争いに嫌気がさしたなど諸説あるが、理由はどうあれ、これだけの待遇を捨てて乞食行脚するという心境は、凡夫の私たちにははかりがたいものがある。出世を目指して汲々とする人生が幸せとは思わないし、良寛のように出世に背を向ける人生はどんなに楽かとも思う。

だが、そうと承知しながらも、欲と打算で日々を駆けていく。良寛に惹かれながらも、私たちは良寛のようには生きられない。このことを豁然《かつぜん》と自覚するとき、その先に何かが見えてくる。

捨てて、捨てて生きる

良寛が故郷の越後に帰るのは、円通寺を去って五年、出奔から二十年を経た三十九歳のときだ。

このときの心境はわからない。故郷に錦を飾るどころか、乞食僧である。両親はすでにない。橘屋を継いだ弟の由之も、やがて公金横領事件を起こし、家財没収の上、所払いとなる。

良寛は、この地の山腹に建つ五合庵に暮らす。

前述のように粗末な庵《いおり》で、良寛はここに起居しながら、詩句や和歌を詠み、食べるものがなくなれば麓に下りて托鉢し、子供と手まりをついたりして遊ぶ。

草の庵《いほ》に　足《あし》さしのべて　小山田《おやまだ》の　かはづの声《こえ》を　聞《き》かくしよしも

「粗末な庵の中で思いきり足を伸ばし、山間《やまあい》の田に鳴いている蛙《かわず》の声を聞くのはなんとも楽しいものだ」

と、五合庵での生活を詠む。

季節は初夏の夕暮れだろう。陽はすでに西に沈み、山間を渡る薄暮の涼風が簾《すだれ》から庵を駆け抜けていく。それが心地よく、托鉢で疲れた足を長々と伸ばしていると、静寂の中に蛙の鳴き声が聞こえてくる。これに耳を傾けているだけで心が浮き立ってくる――そんな心情を詠んだものだ。

都会の喧噪を逃れ、晩年は田舎暮らしをしたいという人は少なくない。私もかつてそうだった。良寛の詠むこんな情景にあこがれ、田舎暮らしを真剣に考えもした。だが、五合庵を訪ねたとき、そうした願望は消し飛ぶ。

足を長々と伸ばすことが喜びなのではない。蛙の鳴き声が楽しいわけでもない。五合庵という過酷な環境にあってさえ、「足を伸ばすこと」や「蛙の鳴き声」を楽しいと感じる心、喜びと思う心が良寛にはあるということなのだ。

都会の喧噪に暮らしていても、自然に心を遊ばせることはできるのではないか。そう考えたとき、境遇はどうあれ、心の持ちよう一つで人生はいかようにも謳歌できるということをこのとき思ったのである。「いま、この場所、この境遇」をいかに楽しんで生きていくか。「それこそが大事」と良寛は言っているように思ったのだった。

一八一六（文化十三）年、五十九歳のとき、足腰に負担を感じるようになった良寛は、五合庵から少し下った国上山麓の乙子《おとご》神社の草庵に移り住む。この頃すでに良寛の人格と書、詩句、和歌は近隣に聞こえ、名僧と評判になっていた。一八一九（文政二）年、長岡藩主・牧野忠精《ただきよ》が領地の新潟を巡視したとき、草庵の良寛を訪ねて、

「長岡に寺を建立して招聘《しょうへい》したい」

と告げる。忠精は幕閣の要職を歴任した譜代大名で、藩政改革に手腕を発揮するなど名君として知られるだけに、良寛の徳を惜しんだのだろう。

だが寡黙な良寛はひと言も発しない。座したまま穏やかな表情で忠精の話を聞いていたが、聞き終わると、やおら傍《かたわ》らの筆を執ってさらさらと一筆し、忠精に慎んで差し出した。

焚くほどは　風がもてくる　落ち葉かな

この句を見て忠精はうなずき、説得するのを断念したと伝えられる。

意味は、いかようにも解釈できる。「煮炊きするくらいは、風が運んでくれる落ち葉でじゅうぶん間に合います」という意味から転じて、「いまの境涯で満足しています」とも解釈できれば、「生活の糧は放っておいても何とかなるものです」という楽観を詠んだものとも受け取れる。「だから、いまさら寺を持って、その運営に心を砕くことには気持ちが進みません」という断りになる。

良寛の半生を辿ると、名主という立場を捨て、出世を捨て、寺を持つ僥倖《ぎょうこう》さえも捨て、捨てて捨てて生きていることに気づかされる。ものを一つひとつ獲得していく生き方もあれば、船底にこびりついた貝殻を落とすように、一つひとつを捨て去っていく生き方があることを良寛に見る。

あなたは三百歳まで生きたいか

「捨て去る」という生き方をしてきた良寛の死生観とは、どんなものだろうか。

長寿ということにまつわる面白い逸話が、二つほどある。

一つは、長寿の祈祷を頼みに来た老人との会話だ。

「では、何歳まで生きたいですかな」

良寛が問うと、

「百歳くらい」

と答える。

「しかし、私の御祈祷は大変よく効くので、百歳まで生きたら、必ずあなたの命は亡くなる。それでもよいかな?」

「じゃ、百五十歳まで」

「百五十といっても、あなたの年からいえばあと七十年。あっという間に過ぎてしまうが、それでもよいかな?」

「いえ、三百歳まで生きたい」

「しかし、三百歳といっても、その歳になればやはり死ぬ。それよりもいっそ、死なぬ祈祷をしたらどうじゃ」

欲ということに絡め、生への未練を良寛は諭すのだ。

もう一つは、良寛とさる金持ちとの会話だ。

「百歳まで生きたいと思っているのですが、その方法を教えてください」

と尋ねる金持ちに、良寛が笑いながら言う。

「それはたやすいこと。いまが百歳だと思えばいいのです」

いまが百歳だと思い込め——という意味ではない。「いまが何歳であろうとも、これまで生かされたことに喜び、感謝しなさい」と言っているのだ。

無一物を生きた良寛の形見

良寛は七十歳のとき、貞心尼《ていしんに》と出会っている。貞心尼は三十歳の才気あふれる美しい女性。良寛が和歌の手ほどきをしたことが交際のきっかけだったとされ、貞心尼は良寛を師と仰ぐ。

二人が知り合って三年後の一八三〇（文政十三）年の夏、良寛は胃腸を病んで床に就く。ひどい下痢で厠《かわや》に行くのも難儀し、次第に衰弱していく。そして師走も押し迫った十二月末、貞心尼が見舞い、良寛の死が近づいていることを覚悟して、こんな歌を詠む。

いきしにの　さかいはなれて　すむみにも
さらぬわかれの　あるぞかなしき

良寛はしばらく考えていたが、やがて、こう歌を返す。

うらを見せ　おもてを見せて　ちるもみじ

意味はいろいろに解釈され、「あなたには自分のすべてを安心して見せることができました」と感謝の意ともされる。だが私は、死を覚悟した良寛が「生死《しょうじ》一如」という仏教の教えをこの句に託したのだろうと思っている。もみじ葉の表を此岸《しがん》（この世）とすれば、裏は彼岸《ひがん》（あの世）となる。だが、一枚の葉が表裏一体であるように、生死《しょうじ》もまた一如であると仏法は説く。

「だから貞心尼、悲しむことはない。生きている私も、死ぬる私も同じ私であるにもかかわらず、生を願って死を厭《いと》うのは人間の驕《おご》りというもの。もみじを見てごらん。表を美とせず、裏を醜《しゅう》とせず、そんなことには一切頓着しないで、はらはらと散っていくではないか」

そんな思いを、良寛は貞心尼に告げようとしたのではなかったか。この返歌は、良寛自作の歌ではないとされるが、このときの心情をもっともよく言い表しているものとして口にしたのだろう。

一八三一（天保二）年一月六日申《さる》の刻（午後四時ごろ）、良寛は貞心尼や弟の由之に見守られながら息を引き取る。死因はガンであったとされる。由之の書いた『八重菊日記』によれば、良寛は亡くなる前日、知人や友人に形見分けとして次の和歌を何枚も書いたという。

かたみとて　何のこすらむ　春は花
夏ほととぎす　秋はもみじば

「私には形見としてお分けするものは何もありませんが、春になって桜の花が咲けば、それは私の形見だと思ってください。夏にホトトギスが鳴いたなら、それは私の形見だと思ってください。秋に紅葉が美しく紅葉したなら、それは私の形見だと思ってください」

たとえ無一物であろうとも、自然の中に心を遊ばせてみれば、そこには無上の喜びがあるという意味だが、〝達観の好々《こうこう》爺《や》〟の素顔は、最後の最後まで世俗の名利に背を向け切った厳しい求道者であった。

虎になろうとして猫にさえなれなくとも、四季に仮託して、自分が生きてきた人生そのものを形見として遺す。そう思えば、日々の生き方も、少しは変わってくるように思うのだ。

国上寺　五合庵

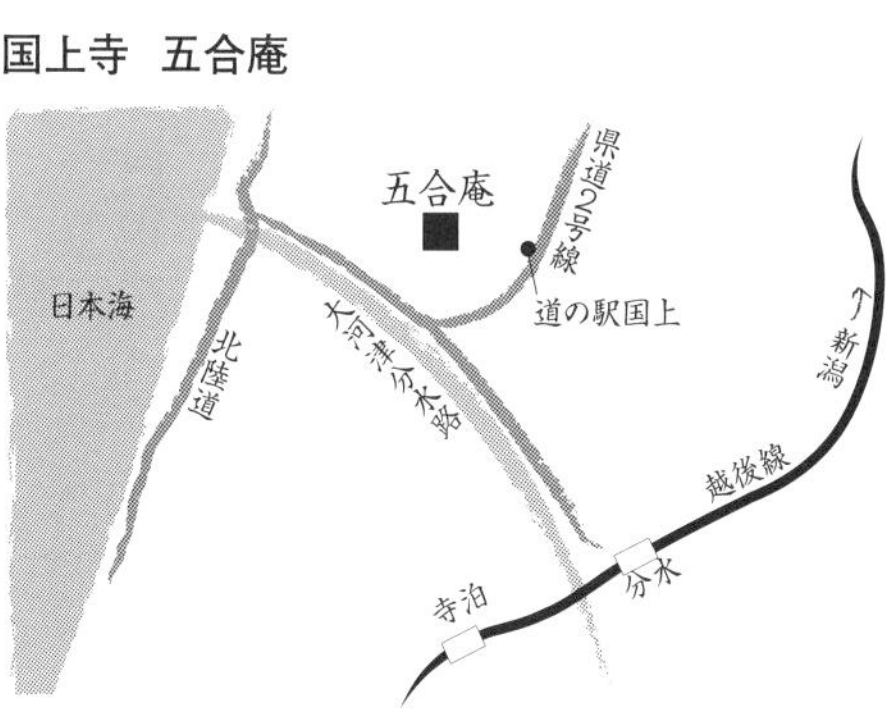

5 不条理な人生をどう割り切るか

山岡鉄舟《やまおかてっしゅう》（一八三六－一八八八）

山岡鉄舟は「三つの顔」を持つ。

一刀正伝《いっとうしょうでん》無刀流開祖という「剣客」、明治維新において江戸無血開城を実現させた「歴史の立役者」、そして「禅の大家」としての顔だ。

一八八〇（明治十三）年、四十五歳のときに、禅の最高の境地とされる「大悟徹底《たいごてってい》」して、京都嵯峨・天龍寺の滴水《てきすい》和尚から印可を授かる。在家の修行者――すなわち居士《こじ》として、明治期の高僧たちからその力量を高く評価された。鉄舟をここに取り上げたのは、真摯な求道精神と開悟において、名僧に連なる一人であると確信するからである。

ちなみに東京都台東区谷中にある「全生庵《ぜんしょうあん》」は、中曽根康弘、安倍晋三、石破茂ら政治家のほか、著名な大企業トップが参禅する臨済宗の禅寺として知られるが、同寺は維新に殉じた人々の菩提を弔うため、鉄舟が建立したものだ。重責を担うリーダーたちにしてみれば、「剣禅一如」「生死一如」の悟りを開いた鉄舟の心境を求めて参禅するのだろう。

「生死などに執着しては、到底大事は出来ざるものなり。無遠慮に論ずれば、如何なる万《ばん》変《ぺん》に酬酢《しゅうさく》するも、微《び》りとも動かず」

これが、「剣禅」を通じて到達した鉄舟の悟りだ。「死に急ぐことも、死を恐れることも共にあってはならない。千変万化する物事に対して微動だにせず」という意味だが、

「生死に執着するな」

と言い切るところに、仏道に説く「生死一如」の死生観が見て取れる。

武士道論書の『葉隠』を引き合いに出すまでもなく、武士が処世の第一義とするのは「死ぬ覚悟」であり、生と死を「表裏」におく死生観だ。したがって死への囚われは、生への囚われとなる。囚われは執着であり、執着は苦悩の元凶となる。生きることの苦しみ、死ぬことへの不安はここに生じる。

これに対して「生死一如」は、生と死を一体として考える。

「私たちは死ぬために生きている」

と言えば何となくわかっていただけるだろうか。「死ぬために生きる」というのは矛盾

だが、両者は一体であるから対立はない。死に囚われず、したがって生にも囚われない。矛盾は割り切ろうとするのではなく、矛盾のまま、丸ごと呑みこんでしまうところに心の平静があるということになる。

「生死に執着するな」

という鉄舟の死生観は、まさにこのことを私たちに教えてくれる。

師の墓に羽織を掛ける

鉄舟の人となりについて、まず次のエピソードを紹介したい。

先輩に招かれて、仲間たちと酒を飲んだときのことだ。

「明朝、わしは成田山へ参ってくるが、誰かついてこないか」

と先輩が言い出した。成田山まで往復三十五里（約百四十キロ）を歩くのだ。全員が目をそらせるのを見て、先輩は満足そうに笑みを浮かべる。名乗りを上げる者は一人もいないと見越した上で言ったのだろうが、鉄舟だけがこれを真に受けた。

「では、拙者がお伴仕《つかまつ》りましょう」

「よし、明け方四時、拙宅に参れ」

ということになった。

時刻はすでに深夜。帰宅して仮眠をとり、目を覚ますと強い風雨になっていたが、鉄舟は時間どおり先輩宅に行く。先輩は二日酔いを理由に断った。言い出しっぺが中止を告げたのだから、「では、またの機会に」と応じるのが普通だが、鉄舟は、

「では今日は、拙者一人で行って参りましょう」

と言うなり、成田山に出かけてしまったのである。帰宅は深夜。高下駄の歯はすり減り、全身は泥まみれであった。

もう一つ、紹介しよう。

鉄舟は十九歳で、忍心流《にんしんりゅう》槍術の山岡静山の弟子になり、師の人徳に心酔するが、静山はまもなく不慮の事故で亡くなる。鉄舟は静山を慕って毎夜、墓前に参っていた。そんなある夜のこと。墓前で手を合わせていると、雷をともなった雨が突然、激しく降り始めた。鉄舟はすぐさま羽織を脱ぐや墓に掛け、墓を抱いてかばうようにして、

「先生、私がお側に控えておりますゆえ、ご安心ください」

と言ったという。亡き静山は雷をひどく嫌っていたのだった。

身の丈六尺二寸（百八十八センチ）、体重二十八貫（百五キロ）。威風堂々の巨漢は、か

くのごとく、馬鹿正直で一本気な男であった。

鉄舟は、歴史の表舞台に登場するまで、長い雌伏《しふく》の歳月を送る。時代と運に恵まれなければ、出世も名を成すこともできない。努力で人生が切り拓いていけるほど、現実は甘くはない。

だが逆を言えば、本人が望まなくても、時代によって表舞台に押し出されることがあるということでもある。極貧の中で鉄舟は剣を振り、坐禅を組む。

極貧の中で

鉄舟は一八三六（天保七）年、旗本である小野朝右衛門高福の五男として江戸に生まれた。九歳のとき、飛騨郡代となった父に一家してしたがい、赴任先の飛騨高山（現・岐阜県高山市）に移り住む。「陣屋の若様」と呼ばれ、何不自由ない環境で書と剣術に没頭するが、父の死去に伴い、十六歳で江戸に帰ることになる。

これが人生の大きな転機になる。

生活環境が一変したからではない。剣の道を究めようとする、その求道精神が人生を変えていく。鉄舟は師を求めて道場を渡り歩くが、「剣道明眼《みょうげん》の人を四方に索《もと》むると雖《いえど》も、其人《そのひと》に遇ふ能《あた》はず」――師に値する人はいないと嘆いていたところへ、中西派一刀流の達人・浅利又七郎に出遇う。

立ち合って、まったく歯が立たない。蛇に睨まれた蛙になってしまう。幼少の頃から真影流、次いで北辰一刀流を学び、狂気に満ちた捨て身の荒々しい稽古は「鬼鉄」と呼ばれて恐れられてきた。その自分が手も足も出ないのだ。おのれの心の弱さに鉄舟は愕然とし、懊悩《おうのう》する。生前、父親が「道を究めようと思うならば、形に武芸を講じ、心に禅理を修練することが第一に肝要なことである」と言い聞かせた言葉が脳裏にあったのだろう。長徳寺（埼玉県川口市）の願翁和尚のもとに参禅し、深く傾倒していく。

そして十九歳。鉄舟は縁あって、前述したように槍術家・山岡静山と出遇い、門弟に連なる。墓石に羽織を掛けるほど心酔していたこともあってのことだろう。静山の死後、妹の英子《ふさこ》と結婚して婿養子となり、「山岡姓」を継ぐ。「逆玉《ぎゃくたま》」と呼ばれるように、婿養子は裕福な家庭に入ることが多いものだが、鉄舟の場合はその真反対で、山岡家は没落した足軽の身分であったため、極貧の生活が始まる。

食べるものがなく、水だけで過ごす日が何日もあったが、鉄舟は嘯《うそぶ》く。

「なあに、人間はそんなことで死ぬもんじゃねえ。一心に押していけば、生きていけるものさ」

夜具も売り払って無く、冬は寒さをしのぐため、夫婦してボロ蚊帳にくるまって抱き合って眠る。初産のときも真冬で、布団がないため、身を屈めて眠る英子に鉄舟は自分の羽織を着せ掛けた。夜中、目ざめた英子は、褌《ふんどし》ひとつの夫に驚き、あわてて羽織を返そうとすると、その手を押しとどめて鉄舟は笑って言う。

「心配するな、わしはいま、裸になって寒稽古に入っているところだ」

さらに、暮れになって借金取りが一年のツケを取り立てに来れば、鉄舟は恐縮するどころか台所で酒を飲みながら、

「酒飲めば　何か心の　春めきて　借金取りは　鶯《うぐいす》の声」

と高吟する。

「困りますよ」

借金取りが渋い顔を見せればますます興に乗って、

「払うべき　金はなけれど　払いたき　心ばかりに　越ゆるこの暮れ」

借金取りもあきれるしかなかったという。

居直るわけでもなければ、「もうちょっと待ってくれ」と懇願するわけでもないし、「来

月になれば耳をそろえて」と、その場逃《のが》れのでまかせを口にするわけでもない。

「残念ながら無い袖は振れぬわい」

と陽気に笑って見せるのだった。

職には就いていた。幕府が設立した講武所の「剣術教授方世話心得」を務めていたが、「世話心得」とは「世話人の見習的な役」に過ぎず、あまりの貧しさから本名の「鉄太郎」をもじって「ボロ鉄」と揶揄された。

私たちであれば、おのれの不遇を嘆くだろう。前途に希望もなく、死ぬまでこんな生活を送るのかと思えば、人生を呪いたくもなるだろう。だが鉄舟は柳に風と受け流す。戯《ざ》れ言《ごと》を高吟してみせる。神経がよほど図太いのか、それとも天性の楽天家なのか――と私は思っていたが、それは見当違いであったことに気づく。

この時期、鉄舟は参禅を続ける長徳寺の願翁和尚から、「本来無一物《むいちもつ》」という公案を授けられている。「本来無一物」とは、執着心を離れた自在の境地を言い、鉄舟はこの公案に悪戦苦闘。悩みに悩み抜き、十二年の歳月をかけて開悟するのだが、赤貧に頓着しない心の持ちようは、「本来無一物」の境地を求めた実践ではなかったか。

食事にも事欠くような極貧の境遇にあって、平然としていられる人間などいるわけがない。いるとしたら、それは不安や苦悩を呑み込み、「平然とできる自分でありたい」と願う求道の実践者だ。そうでなければ、一本気で馬鹿正直な鉄舟が金を借りておいて返さず、「払うべき　金はなけれど　払いたき　心ばかりに　越ゆるこの暮れ」と嘯くわけがないだろう。

死に急がず、死を恐れず

鉄舟が歴史の表舞台に押し出されるのは、「明治」と改元される半年前の一八六八（慶応四）年三月のことだ。

薩長を主力とする官軍は破竹の勢いで駿府（現・静岡市）まで東上、江戸城総攻撃の断が下った。江戸の町は火の海になる。幕府崩壊を悟った将軍徳川慶喜は、官軍に恭順の意を表して上野寛永寺に謹慎した。江戸市民を戦火から救うには、慶喜の思いを官軍に伝え、総攻撃を中止させることをおいてほかになかった。だが、血気にはやる官軍がこれを聞き入れるかどうか。いや、それより何より、東上する官軍部隊の中を無事に通り抜けて行けるだろうか。

白刃の矢は、鉄舟に立った。

一介の幕臣にすぎない「ボロ鉄」がこの大役を担うことになったのは、妻・英子の次兄、高橋泥舟《でいしゅう》の推挙による。泥舟は勝海舟、鉄舟と並んで「幕末の三舟」と評される傑物で、慶喜の身辺警護の責任者だった。鉄舟の一本気で馬鹿正直な性格や度胸、求道の心、さらに剣の腕前などを勘案して、鉄舟でなければこの大役は務まらないと考えたのだろう。

慶喜に拝謁した鉄舟は、「この役目、必ず自分が果たしてみせます」と告げると、幕府の事実上の最高指揮官であった勝海舟の〝和睦の書状〟を持って、官軍参謀の西郷隆盛に談判すべく、駿府に下っていく。

東海道は江戸に向けて進軍する討幕軍がひしめき、殺気立っている。その中を抜けて西郷に会いに行くとなれば命がけだ。私たちなら「どうやれば殺されないか」を、まず考えるだろう。変装するか、夜陰にまぎれるか。

鉄舟は違った。「生死などに執着しては、到底大事は出来ざるものなり」と冒頭に記したように、「死に急ぐことも、死を恐れることも共にあってはならない。千変万化する物事に対して微動だにせず」の死生観だ。身分を隠すどころか、官軍の警備隊に対して、

「朝敵、徳川慶喜家来、山岡鉄太郎、まかり通る！」

と大声で叫び、堂々と歩いて行ったのである。

死を覚悟したわけではない。生きようと念じたわけでもない。生死一如。ただ、ズンズンと巨体の足を押し進めていくさまは威風堂々であったと歴史書は伝える。

そして、西郷と対座した鉄舟は、勝海舟の書状を手渡してから、

「もとより自分は死ぬ覚悟で来ているが、ひたすら謹慎して朝廷に忠誠を誓う臣下（慶喜）を討伐すれば、天下は大乱になること火を見るより明らか。どうか、そのあたりの事情をご推量ください」

と切々と訴えたのだった。

西郷は強硬論者で、徳川慶喜の息の根をとめ、首級《しゆきゆう》をあげる決意であったが、即座に鉄舟の人物の大きさを見抜いて考えを変える。

武力による倒幕を中止した西郷は、その代わりとして五つの条件を示した。一、江戸城を明け渡す。二、城中の兵を向島に移す。三、兵器の明け渡し。四、軍艦の引き渡し。五、慶喜は備前藩に預ける。

これに対して、鉄舟は四までは承知したが、五番目の「慶喜の備前預け」だけは屈辱の条件であり、〝君臣の情〟として絶対に呑めないと拒み、

「もし立場が逆で島津の殿様を他藩に預けろと言われたら、あなたは承知しますか」

と迫る。熱意にほだされた西郷は引責覚悟でこれを受け入れ、最後は酒を酌み交わして別れるのだった。

後日、勝海舟と会談した西郷は鉄舟を評して言う。

「命もいらぬ、名もいらぬ男は始末に困るものだが、始末に困る男でなければ天下の大事は謀れない」

かくして無血開城は実現。江戸の町は戦火をまぬがれ、明治維新は成る。

鉄舟の処し方を評して、

「死中に活を求めた」

と言われるが、果たしてそうだろうか。「活」は願望である。活に生を見いだそうとするのは駆け引きである。活を念頭におけば、生死は一如でなく、対極のものになる。「生きたい」「生きていたい」「死ぬのは嫌だ」――という思いに囚われていたのでは、西郷の胸を打つことはなかっただろう。「死中活得」と禅は説くが、鉄舟の場合は「死中活捨」であったところに、名僧をも超えた境地を見る。

維新後、鉄舟は西郷のたっての依頼で、侍従として明治天皇に仕える一方、「剣禅一如」の道を求めて参禅を続ける。

不条理であることが人生

鉄舟が指導を受けた師家《しけ》（坐禅の師）は五人いる。すでに紹介した長徳寺の願翁和尚のほか、龍沢寺《りゅうたくじ》（静岡県三島市）の星定和尚、相国寺（京都）の独園和尚、天龍寺（京都市）の滴水和尚、そして円覚寺（神奈川県鎌倉市）の洪川和尚だ。鉄舟が生死一如の解脱に至るのは、滴水和尚のもとに三年間の参禅をした四十四歳のときとされるが、私が惹かれるのは、鉄舟が三島の龍沢寺に参禅した帰途、富士の山を仰ぎ見て詠んだ一句だ。

晴れてよし　曇りてもよし　富士の山
もとの姿は　変わらざりけり

天候は時々刻々と変わっていくが、富士山は微動だにせず、毅然として気高く聳《そび》えている――といった意味で、このとき鉄舟は忽然と悟りを得たという。これをもって「剣禅一如」「生死一如」の境地とされるが、人を斬り殺す剣術と、悟りを求める禅は矛盾の関係にあり、なぜ両者が一如になるのだろうか。

そのことに思いをめぐらせたとき、先に記したように、

「矛盾は割り切ろうとするのではなく、矛盾のまま呑みこんでしまうところに心の平静がある」

ということに行きつく。

人生は矛盾に満ちている。木の葉が沈んで石が浮くような不条理の中で、私たちは生きている。

「冗談じゃない」

と居直っても、不条理は影のように死ぬまでついてくる。人生が不条理なのではない。不条理であることが人生なのだ。割り切れないことを割り切ろうとするところに不満と苦悩が生じる。だから割り切らない。矛盾を矛盾のまま受け入れる。

「人を斬るために悟りを求めるなんて、矛盾してるじゃないか」

と鉄舟に迫れば、

「そうだ」

と平然と答えるだろう。

「死ぬために生きるのか？」

と問えば、これまた「そうだ」と言うだろう。

富士山を仰ぎ見て詠んだ一句に、私はそんな鉄舟の声を聞く。「如何なる万変《ばんぺん》に酬酢《しゅうさく》するも、微《び》りとも動かず」——「千変万化する物事に対して微動だにせず」と生死を超越した先に、鉄舟は何かを感得したのであった。

「生死一如」の最期

鉄舟が亡くなるのは一八八八（明治二十一）年七月十九日午前、五十三歳の若さだった。三十代なかばから胃の不調を訴えており、亡くなる半年ほど前から流動食しか受けつけなくなっていたという。胃ガンであった。

亡くなる前々日の夕刻、鉄舟は突然、入浴したいと言い出す。死期を悟ったのだろうか、妻の英子に命じて白衣を用意させせると、湯上がりにそれを着て居間にもどり、皇居に向かって深々と一礼する。

そして深夜一時、容態が急変。侍医の千葉立造医師はガンによる胃穿孔《いせんこう》——胃壁に孔《あな》があいたことによる急性腹膜炎を起こしたものと診断し、手当を尽くして危篤状態を何とか脱する。

同日、午後一時。鉄舟は起き上がると、日課の写経を始める。真夏の暑さの中、激痛をこらえ、額に脂汗を浮かべながらお経の文字を書き連ねていく。こうと決めたらそれを貫く一徹さか、あるいは生死を超えて「如何なる万変《ばんぺん》に酬酢《しゅうさく》するも、微《び》りとも動かず」と喝破した処し方であったか。命が燃え尽きようとしてなお、これまでと変わらぬ日常を淡々と送ろうとするところに、死は決して特別なことではないとする鉄舟の死生観がうかがえる。

やっと半分を書き終わったところで、額から汗が滴《したた》り、半紙に染《し》みをつくる。

「もうおやめになってはいかがですか？」

千葉医師が見かねて声をかけると、

「そうですな」

と素直にうなずいて筆を擱《お》いたという。

そして夜。

「みんな退屈だろうし、俺も聞きたい」

と言って、可愛がっていた三遊亭圓朝《えんちょう》に落語を一席語らせる。真意はわからない。写経をしたように、大勢の見舞い客を前にして、これまでと変わらぬ振る舞いをして見せたのだろうか。三遊亭圓朝は落語中興の祖として知られるが、涙に詰まりながらも一席語った。鉄舟は布団の上で、ときおり小さな笑い声を立てながら落語を楽しんだという。

　一夜が明けた十九日の早朝。烏《からす》の啼き声を耳にした鉄舟は、

「腹張って　苦しきなかに　明烏《あけがらす》」

という一句を詠むと、付き添っている千葉医師に、

「ま。こんなところですな」

と告げている。

　そして午前九時。「昼寝の邪魔になるから」と言って人を遠ざけると、身体を起こし、皇居に向かって坐禅を組む。しばらくして黙って右手を差し出す。千葉医師が扇子を渡すと、鉄舟は目をつむり、柄で左の手のひらに何か字を書きつけていたが、次第に呼吸が逼迫《ひっぱく》してきて、そのまま眠るように息を引き取る。

　鉄舟は何を手のひらに書きつけていたのだろうか。「生死一如」の四文字を、私は思い浮かべる。

全生庵

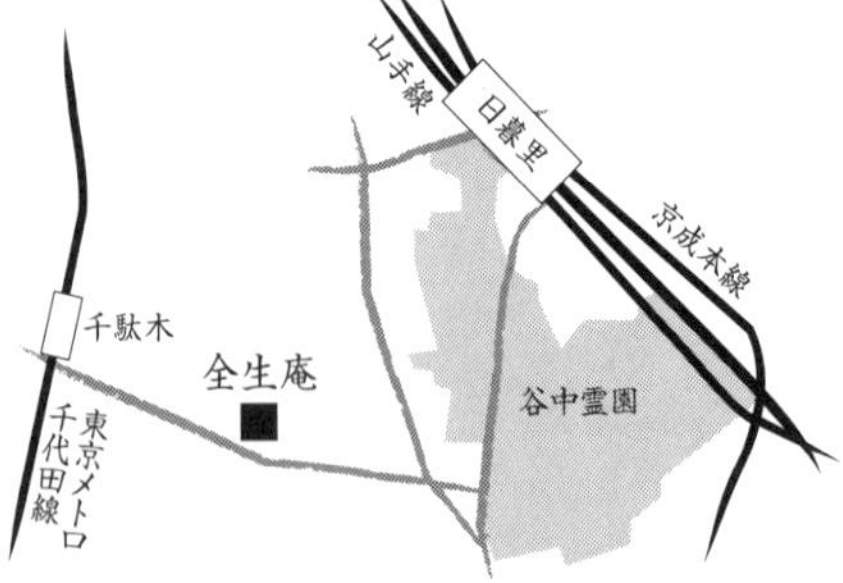

6　執着の果てに開けてきたもの

西《さい》　行《ぎょう》（一一一八―一一九〇）

平安末期、二十三歳で出家して七十三歳で亡くなるまで、各地を旅して歌を詠む。「僧形《そうぎょう》の歌人」――これが、西行だ。

願はくは　花のもとにて春死なむ　その如月《きさらぎ》の望月《もちづき》の頃

代表作とされるこの歌で知られるように、生死を深く見つめた「僧形の歌人」は、愛してやまない花や月に理想の死を託してみせる。

江戸時代の俳人・松尾芭蕉は、そんな西行に憧憬《しょうけい》して、

「西行の和歌における、宗祇《そうぎ》の連歌における、雪舟の絵における、利休が茶における、其

の貫道《かんどう》する物は一《いつ》なり」

と、自著『笈《おい》の小文《こぶみ》』の劈頭《へきとう》に賛辞を記す。『新古今和歌集』に九十四首も入集《にっしゅう》されるなど、日本を代表する大歌人の一人で、その澄み切った死生観はいまも多くの人々を惹きつける。

だが、僧侶としての西行には特筆するものはない。宗派の開祖でもなければ、教団に地歩を占める高僧でもない。二十三歳と出家が遅いのは、エリート武士の座を捨て、家族と縁を切ってのち、仏門に飛びこんだからだ。比叡山延暦寺系の寺院で天台密教を、次いで高野山に移って真言密教を学ぶも、特定の宗派に属していない。山里の庵でひたすら自己と向き合い、諸国をめぐり、そして和歌を詠む。高野山には三十年ほど暮らしてはいるが、東大寺再建など何度かの勧進《かんじん》を行ったほか、僧侶として目立った活動はしていない。

本業でなく、和歌で世に出ていくことに反感をいだく僧侶も、当然ながら出てくる。

「坊主のくせして、歌を詠むとはけしからん」

と息巻《いきま》いたのが文覚《もんがく》だった。

文覚は男女のもつれから人を殺《あや》め、出家遁世《とんせい》した男だ。粗暴な性格から荒法師として世間に聞こえる。そんな男からすれば、歌で人気を集める西行は軟弱に見え、腹に据えかねたのだろう。

「会ったら、頭をカチ割ってくれる！」

と弟子たちに公言し、怒りを隠さなかった。

その文覚と西行が京都西郊の神護寺《じんごじ》で顔を合わす。「刃傷沙汰になる」――と文覚の弟子たちは緊張した。

ところが文覚はいきり立つどころか、笑顔で接した。歓待し、談笑し、さらに一泊していくように勧め、西行もそれをこころよく受けたのだった。

翌朝、西行を見送ったあとで、弟子たちが文覚を揶揄《やゆ》する。

「あやつの頭をカチ割るんじゃなかったのですか」

すると文覚は、こう言い放つ。

「バカ野郎。喧嘩をふっかけてみろ。わしのほうが頭をカチ割られてしまうわい」

西行には飄々として枯れたイメージがあるが、荒法師の文覚が怯《ひる》むほどの体躯と気魄があった。

西行にとって和歌は、趣味的なものではなく、求道であった。一一八九年というから西行が七十二歳のときのことだ。まだ少年だった明恵上人《みょうえしょうにん》（華厳《けごん》宗中興の祖）に、こんなことを語り聞かせている。

「歌は即ち如来（仏）の真の姿なり、されば一首詠んでは一体の仏像を彫り上げる思い、秘密の真言を唱える思いだ」

和歌を詠むことは、私にとって仏道修行である――そう言ったのだ。

だから歌にこだわった。命懸けで執着した。執着を苦の元凶とし、「執着を解き放て」と説く仏道の真逆である。執着から離れるどころか、西行は執着に向かって一直線に突き進んでいくのだった。

そんな西行が、亡くなる十余年前、冒頭に引いたように『願はくは　花のもとにて春死なむ　その如月の望月の頃』と、澄み切った心境で死を見つめ、

「できればこんな死に方をしたい」

という願望をさらりと歌に託してみせる。

これを達観の境地とするなら、執着にこだわったはずの西行はいかにして自分を解き放ち、達観の境地に至ったのか。西行の生と死は、執着とは何かという問いを私たちに迫る。

超エリートの出家

西行は俗名を佐藤義清《のりきよ》という。一一一八（元永《げんえい》元）年、佐藤康清の嫡男として生まれる。

佐藤家は平泉で栄えた奥州藤原氏の遠縁に連なる家柄で、摂関家の所領である田仲庄の在地領主として、荘園経営をまかされていた。西行は経済的にも恵まれた名家で生まれ育った。

十八歳のとき、「北面の武士」に選ばれる。白河上皇のときに置かれた制度で、御所の北面の警護にあたったことから、この名がついた。弓馬にすぐれ、詩歌や管弦の道に長けているだけでなく、家柄が良く、しかも容姿端麗であることが条件とされた。平たく言えば、鳥羽上皇が〝お気に入り〟を集めた若手のエリート集団ということだ。

その中でも西行は抜きん出ていた。エリート集団らしく歌会がよく開かれていたが、西行の歌はいつも高く評価された。宮廷競技として盛んだった「蹴鞠《けまり》」の名手でもあり、鳥羽上皇や公家たちに可愛がられた。

特筆すべきは、歌と蹴鞠だけでなく、武士としても一流であったことだ。疾走する馬上から的を射る「流鏑馬《やぶさめ》」は達人と賞賛されるほどで、次のようなエピソードがある。

後年、六十九歳になった西行が、東大寺再建の勧進を奥州藤原氏に行うため、奥州へ下ったときのことだ。途中、鎌倉に寄って、源頼朝に面会を求めた。相手が西行と知った頼朝は驚き、館に招くと流鏑馬と歌道についてくわしく尋ねる。

西行は答える。

「歌とは、花月を見て感動したときに僅か三十一字をつくるだけのことで、それ以上深いことは知りません」

そして、流鏑馬については、

「さあ、すっかり忘れ果てました」

と受け流すのだが、頼朝のたっての求めにより、馬上での弓の持ち方や矢の射り方について話し出すと、頼朝はすぐさま家来を呼びつけ、西行の解説を書き留めさせたという。

歌道についてはわかるとしても、流鏑馬について頼朝が質問したということは、それほどに西行――すなわち「佐藤義清」の武名は四十余年を経てなお、轟いていたということになる。先に紹介した文覚は武人ではなかったため、西行のこうした来歴を知らず、無鉄砲にも噛みつこうとしたのだろう。

西行の出自は申し分ない。文武にも秀でている。宮廷のおぼえもめでたい。順風に帆を張るようなエリートの道を歩む。やがて妻を娶り、子供にも恵まれた。前途洋々とは、こうした人生を言うのだろう。

ところが、その西行が突然、すべてを投げ捨てて出家する。一一四〇（保延《ほうえん》六）年、二十三歳のときである。

これには周囲は驚いた。「なんともったいないことを」と、私たちなら思う。出家が悪いというのではない。営々と努力しても満たされぬ人生にあって、これほどに恵まれた境遇を捨て去るという、そのことをもったいないと思うのだ。人それぞれに価値観が違うと言ってしまえばそのとおりだが、そうと承知しながらも、「もったいない」と思うのが世間の価値観だろう。

なぜ、西行は出家したのか。

執着することで救われる？

出家の動機は諸説ある。
一、親友の突然の死に人生の無常を感じた。
二、高貴な女性との失恋。
三、摂関家の争い、皇位継承をめぐる政争への失望。
だが、どれも説得力に欠ける。「親友の死説」は根強いが、親友が亡くなったからといって、武士たる者が出家するほどに人生の無常を感じるものだろうか。戦乱の時代だ。死は日常のもので、隣り合わせになって生きている。近親者の死に無常を感じるのは人の常としても、流鏑馬で天下に聞こえた武士が、それを動機として出家することはあるまい。

「高貴な女性との失恋説」を取る人も少なくない。高貴な女性とは、鳥羽上皇の妻・待賢《たいけん》門院璋子《もんいんたまこ》とされる。歌会などを通して知り合い、やがて一夜の契りをかわすが、

「逢い続ければ人の噂にのぼります」

と別れを告げられ、失恋の痛手から出家したとする。璋子は西行の十七歳年上。二十二、三の若者と、高貴な四十前の人妻。ドラマとしては面白いが、一夜の契りで妻子を捨て、将来を捨ててまで坊主になるかというと疑問符がつくだろう。

「摂関家の争い、皇位継承をめぐる政争への失望説」は、要するに現実生活に嫌気が差したということか。だが、嫌気と希望は糾《あざな》える縄のようなものだ。「絶望」ということにでもなれば出家することもあるだろうが、「失望」や「嫌気」くらいでいまの生活を捨て去るものかどうか。我が身に置き換えてみれば、おのずとわかるだろう。

思想家の故・吉本隆明は、西行の出家について「無動機の出家」としているが、おそらくこれが西行の心境ではなかったか。無動機――すなわち特定できないほど苦悩がたくさんあったのか、あるいは苦悩として特定の表現ができないような心の迷いがあったのかは

わからないが、出家の動機を推察することに、それほどの意味はない。

「いまを、どう生きるべきか」

というテーマで西行をとらえるとき、大事なのは出家の動機ではなく、

「仏道に何を求めたのか」

ということだ。

では、何を求めたのか。

手掛かりは、出家を前に詠んだ次の歌にある。

　　世を捨つる　人はまことに　捨つるかは　捨てぬ人をぞ　捨つるとはいふ

直訳すれば、

「出家した人は、悟りや救いを求めており、本当に世を捨てたとは言えない。出家しない人こそ自分を捨てているのだ」

ということになるが、西行は何を言わんとしているのだろうか。

仏教的に解釈すれば、捨身《しゃしん》——すなわち「命を捨てる覚悟で修行に励む人は悟りを求め

ているのであって、世を捨てたわけではない。むしろ日々の生活で我が身を省みることのない人こそ、自分を棄てているということになる」ということになるのだろうが、私はいささかうがった意味を、この歌に見る。

西行は――それが何であれ――何かに執着し、そのことで懊悩《おうのう》し、出家することで執着から解き放たれたいと願った。だが、解脱を願うその心こそ、執着そのものであることに気づく。一方、世俗に暮らす人は道理に暗いため、懊悩の根本原因が執着にあることを知らず、表層的な労苦をなんとかしたいと心を砕く。だから苦を延々と背負って生きていくことになる。「求道心なき生き方=自分を捨てている」ということを歌に託して詠んだのだろう。

ポイントは「執着」にある。

西行は解脱の道を渇望した。出家は求道の実践で、執着から離れることを目指すが、出家に解脱を求めるのは執着そのものではないか。解脱するために執着する。矛盾である。二律背反に西行はぶつかった。ならば、どうすればいいか。西行は苦悩の末、「執着に執着すること」で解脱を求めたのではないか。

執着の対象は歌である。「歌は即ち如来（仏）の真の姿なり、されば一首詠んでは一体の仏像を彫り上げる思い、秘密の真言を唱える思いだ」と若き明恵上人に語ったように、命懸けで歌に執着し、三十一文字《みそひともじ》の世界において自分を解き放とうとした。生涯において二千首以上もの歌を詠む姿に、西行の執念と執着を見る。

「執着を離れよ」

と説く仏道の世界にあって西行はその真逆を実践し、生死を深く見つめ、『願はくは花のもとにて春死なむ　その如月の望月の頃』と達観の境地に至る。歌人として語られる西行だが、僧籍にある私の目から見れば、その覚悟において、まぎれもなく名僧の一人ということになる。

「家族」と「自分の人生」の狭間

人生にどう向き合うか、一人の人間として自分を捉えたとき、家族はときとして足枷《あしかせ》になる。いまの仕事に納得せず、自分が本当にやりたいことを求めて転職や独立を考えたとき、「家族の生活」が重くのしかかる。経済的なこと、子供の教育のことなど、家族を無視した選択は無責任とされる。

だが、そうと承知しながらも、一度しかない人生を存分に生きてみたいという願望も、

心の奥底にある。「家族」と「自分の人生」の狭間に立ち尽くし、足を踏み出せないまま晩年を迎え、

「本当は、こんなことをやりたかったんだ」

と、ホロ苦い思いを噛みしめたりもする。

西行は「自分の生き方」を選び取った。家族にしてみれば青天の霹靂《へきれき》だったろう。家を出て行く西行の衣の袖に、四歳の娘がすがりつき、

「行かないで」

と泣き叫ぶ。

私なら決心がぐらつく。それでも出て行くとすれば、「すぐに帰ってくるから」とでも言いくるめ、幼子の心を傷つけないように父親として配慮をするだろう。

西行は目を吊り上げた。すがりつく幼子を縁側から蹴落として家を出て行く。心を鬼にしなければ情に流されると思ってのことだったのだろうか。娘の心中を察すれば言葉もないが、そうまでしなければ出家に踏み切れなかったとするなら、求道という「執着」は何と凄まじいものであることか。

だが、足蹴にしたものの、娘のことが頭から離れない。数年後、京を訪れた西行は、娘

の面倒を見てくれている弟宅の門の外から庭をうかがう。娘は友達と遊んでいたが、西行に気づいてこう言う。

「恐いお坊さんがいるから家に入ろう」

まさか剃髪《ていはつ》した坊主が父親とは思わなかったのだろう。自分を蹴落として出て行った父親のことなど、無意識に記憶から消し去っていたのかもしれない。自ら選び取った人生とはいえ、西行の気持ちはいかばかりであったろうか。

このころ西行は迷いに苦しんでいる。心の安心《あんじん》を願えば願うほど、煩悩を引きずる自分に煩悶して、こんな歌を詠んでいる。

『いつの間に長き眠りの夢さめて　驚くことのあらんとすらむ』（いつになれば長い迷いから覚めて、万事に不動の心を持つことができるのだろう）

『世の中を捨てて捨てえぬ心地して　都はなれぬ我が身なりけり』（世の中を捨てたはずなのに、都の思い出が煩悩となり私から離れない）

『花に染む心のいかで残りけむ　捨て果ててきと思ふわが身に』（この世への執着をすべて捨てたはずなのに、なぜこんなにも桜の花に心奪われるのだろう）

そして、伊勢に向かう旅路に、

『鈴鹿山浮き世をよそに振り捨てて　いかになりゆくわが身なるらむ』――「浮き世を振り捨てこうして鈴鹿山を越えているが、これから私はどうなっていくのだろう」と不安を吐露している。

泣いてすがりつく幼子を蹴落とし、未練を断ち切り、自分の意志を貫いた西行の、これが出家した姿だった。

将来に描く夢よりも、過去の後悔を嘆くことのほうが何倍も多い。「あのまま〝北面の武士〟でいればよかった」「出家などしなければよかった」――という思いがよぎらなかったと言えば嘘になるだろう。

「引き返そうか」

という思いと、私たちは格闘する。

前途に不安をいだけばいだくほど、その思いはいっそう募っていく。西行はそれを払拭するかのように歌に没頭し、三十歳を前に奥州をめぐる。自分と同じ「僧形の歌人」であった能因《のういん》の跡を訪ねる旅であった。能因もまた官吏《かんり》を辞して出家し、歌道の大家となる。

白川の関屋を月のもる影は　人の心を留むるなりけり

「白川の関守《せきもり》の住む家に漏れ入る月の光は、能因法師の昔を思い出させ、旅人の心を引き止めて立ち去り難くさせる」

という意味で、西行は能因に自分を重ね、そうありたいと願ったのだろう。

奥州を旅したあと、西行は高野山（和歌山県高野町）に入って庵を結び、以後三十年間、この地を本拠として諸国をめぐり、歌を詠む。一一七七（治承元）年、六十歳を前に高野山を下りて、伊勢二見浦《ふたみがうら》へ移り住む。大歌人として西行の名は、すでに全国に聞こえていた。

西行像（弘川寺蔵）

提供：Hibi Sadao／アフロ

執着の果てに得た死への達観

西行が「死」を現実のものとして意識し始めるのは還暦——六十歳を過ぎてからだ。

何度か引いた『願はくは　花のもとにて春死なむ　その如月の望月の頃』という歌は伊勢に移り住んでまもなくの作とされ、

「できることなら、釈迦が亡くなった春先の命日の頃、満開の桜の下で死にたい」

という意味だ。死に対する恐れは微塵もなく、澄み切った心境が読み取れる。

一方、一一八六（文治二）年、七十歳を前にして、東大寺再建の勧進のため二度目の奥州下りをしたとき、老齢の自分をこう詠む。

『年たけて　また越ゆべしと思ひきや　いのちなりけり小夜《さよ》の中山』――「この歳になって、再び小夜の中山を越えることがあろうとは夢にも思わないことだ。命があるからこそだ」という素直な感慨であった。

生きて在ることの歓び、あるいは感嘆を詠んだものとされるが、死に対する澄み切った心境と重ね合わせると、生死を超越した達観がうかがえるだろう。

これをもって和歌に命懸けで執着した西行が辿り着いた悟りであるとするなら、達観の境地とは、執着から離れていくことではなく、執着し、執着し切って突き抜けた先に忽然と開けるものであるということになる。

お金に執着するのもいいだろう。地位に執着するのもいい。健康に執着し、生に執着し、死を厭《いと》えばいい。それが、煩悩を宿す人間の本来の姿であるにもかかわらず、執着する自分を否定しようとする。ここに苦が生じるとすれば、執着を否定せず、突き抜けるまで執着し続けることで、達観という心の平静はおのずとやってくるのではないだろうか。

目を吊り上げ、幼い娘を蹴落として出家した西行は、晩年に至って『竹馬を杖にもけふはたのむかな　童《わらは》遊びを思ひ出《いで》つつ』――「子供の頃に遊んだ竹馬は、いまでは杖として頼む身になってしまった」と、笑みがもれるような心境を詠む。

鎌倉時代が本格的に始まろうとする一一九〇（文治六）年二月十六日、西行は河内国の弘川寺《ひろかわでら》（大阪府南河内《かわち》郡河南《かなん》町）において七十三歳で亡くなる。春になると、西行の墓を抱くかのように千五百本の桜が山に咲き誇る。

弘川寺 西行法師の墓

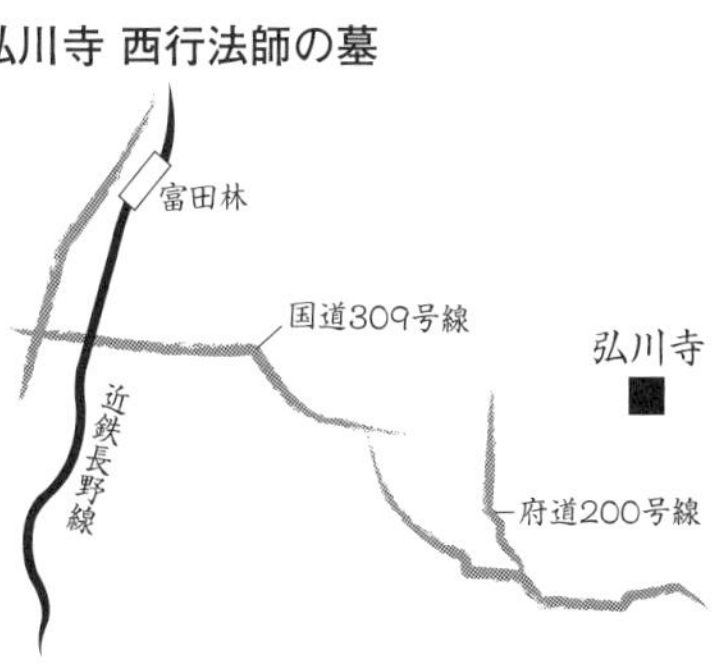

7 「明日」を捨ててこそ安心は得られる

一遍《いっぺん》（一二三九―一二八九）

「捨てよ、何もかも」

生涯をかけて一遍が説いたのは、この一語に尽きる。

「裸でこの世に生まれてきた私たちは本来、無一物。だからすべてにおいて、自分のものとして所有しているという考えを持ってはならない。一切を捨離《しゃり》すべし」として、家族、友、財産、欲、夢、希望、命、見栄、世間体など、すべての執着を捨て去ったところに心の安逸があるとした。

家族を捨てたということにおいては西行も同じだが、西行は和歌に執着することで悟りの境地を開こうとした。

これに対して一遍は、

「捨てようとする、その心も捨てよ」

と説き、徹底して「一切の捨離」を実践する。悟りに至る方法論の違いではない。いかに生き、いかに死んでいくかという死生観の違いなのである。

時宗《じしゅう》の開祖となる一遍は、鎌倉時代中期に活躍した。

「信心不要。南無阿弥陀仏と唱えるだけで極楽往生できる」

として、打ち続く戦乱と天変地異に「末法の世」を予感する民衆を歓喜させた。一遍が亡くなって七百二十余年。「一切を捨離すべし」という教えは、教義を超えて、現代社会に暮らす私たちを惹きつける。

理屈を振りまわせば、人生とは獲得を目指す日々のことを言う。

物質的な豊かさを求めるだけではない。進学、結婚、趣味、生き甲斐、人間関係まで、自分を取り巻く関わりのすべてにおいて、私たちは「獲得の人生」を生きている。他人と競《せ》り合い、思いどおりにいかない結果を嘆き、つまずくたびに自分を奮い立たせて起き上がり、前に向かって踏み出していく。しかし、欲を根っことする「獲得の人生」は、鼻先のニンジンを追うのに似て、決して満たされることはない。

だから疲れる。

それでも現役時代を突っ走り、ある年齢に至って立ち止まったとき、これまでの生き方に、ふと首をかしげる。残りの人生は、これまでと違ったものでありたいという思いが首をもたげてくる。求めない人生――すなわち「一切を捨離すべし」とする生き方への憧憬《しょうけい》である。

だが、老後という現実を考えれば、そう簡単に「捨離すべし」とはいかない。だから「獲得の人生」を引きずる。引きずりつつも、無我夢中で突っ走ってきた現役時代と違って、鼻先のニンジンを追う虚しさに気づいた晩年の「獲得の人生」は、しんどい。一遍が説くように、一切を捨離して心の平静が得られるのであれば、そうしたいと心底、願う。

――本当に平静が得られるのか?

――幸せな晩年が本当に得られるのか?

一遍は、この問いに、歌でこう答えている。

すててこそ　みるべかりけれ　世の中を　すつるもすてぬ　ならひありとは

「何もかも思い切って捨て去ったつもりでいても、本当に大切なものは捨てていないものです。このことに気がついたとき、心の底から喜びが湧き上がってきますよ」

観念としてはわかる。そうかもしれないな——とも思う。だが、私たちは生きていかなければならない。贅沢は望まなくとも、人並みの生活を送りたい。できれば悠々自適の晩年でありたい。「生活」という現実に向かい合ったとき、一切を捨てる生き方をしてなぜ安穏《あんのん》がもたらされるのか。

一遍に「一切捨離の生き方」を問いかけてみたい。

「獲得の人生」への疑問

仏教は煩悩をテーマとする。

煩悩の正体を明かし、煩悩が生じる因果関係を説き、そこから自分を解き放つ方法を明らかにする。坐禅、あるいは念仏を唱えるなど宗派によって方法は異なるが、目指す頂上は同じで、そこへ至るルートが違うと理解すればいいだろう。

同じ僧侶であっても、煩悩という人間の醜さを観念として知る者と、実体験を通して知る者、さらにその両方を知る者の三タイプがある。煩悩の恐さを身にしみて知り、解脱を求めて仏道に深く傾倒していくのは、三番目――煩悩を観念と実体験として知る者で、一遍はこのタイプになる。

一遍は一二三九（延応《えんおう》元）年、河野通廣《みちひろ》の次男として伊予国道後（現・愛媛県松山市）に生まれる。河野一族は瀬戸内を中心に活躍した水軍で、伊予屈指の名家として聞こえていたが、後鳥羽上皇が鎌倉幕府に叛旗《はんき》を翻して敗北に終わった承久の変（一二二一年）で、朝廷側についていたため没落していた。

一遍が十歳のとき母が亡くなる。育てるのは男手に余ると考えたか、あるいは将来を考えてか、父親は天台宗・継教寺で一遍を出家させる。そして一二五一（建長三）年、一遍は十三歳のとき、九州大宰府《だざいふ》に行き、浄土宗西山派・聖達《しょうだつ》の弟子になる。若くして頭角を現すが、二十五歳のとき、父が死去したため、伊予に帰省。没落していたとはいえ、相応の財産があったのだろう。長兄がすでに他界していたため、次男の一遍が家督を継ぐことになり、僧籍を離れて俗人にもどる（還俗《げんぞく》）。妻子をなし、在家の浄土宗信者として経を読むなど平穏な日々を送る。

ところが、一遍を衝撃が襲う。

家督を継いで八年後、三十三歳のとき、財産をめぐってトラブルが起こり、親類の男が一遍を殺そうとしたのである。一遍は相手の太刀を奪い取って反撃。傷を負いながらも事なきを得るが、この事件は人生を一変させる。

還俗するまで、一遍は僧侶として十五年間を仏道修行に励んできた。我執《がしゅう》に囚われた人間の醜さについては、よくよく承知していたはずだが、それは知識であり、観念の世界である。ところが、殺されかけたことで、観念の世界が現実として実相を顕《あらわ》したのだ。その衝撃は、市井人に増して心を激しく揺さぶったことだろう。

悪いのは親類の男だ。

議論の余地はないと、私たちなら考える。

ところが一遍は、

（悪いのは男だけだろうか？）

と自問したのではなかったか。

財産さえなければ、この事件は起こっていない、起こりようがない。そう考えると、自分が財産を所有していることに第一の原因があり、男がその財産を横取りしようとしたことに第二の原因がある——と我が身に引き寄せ、「所有」と「獲得の人生」に諸悪の根源を見たのではなかったか。

だから財産を投げ出し、太宰府の聖達のもとへ帰っていく。ここに一遍の「一切捨離」という死生観の萌芽がある。

だが、一遍の求道は一筋縄ではいかなかった。

聖達のもとへ帰るが、すぐに信州（長野県）の善光寺へ旅立っている。一説には、還俗して妻帯する一遍に対して、再出家を聖達が認めなかったともされる。師を失った一遍は、善光寺の阿弥陀如来に道を求めたのである。

善光寺の阿弥陀如来は「生身の弥陀」と呼ばれ、参詣すれば生身の阿弥陀如来に出会えるとして、多くの人が参籠していた。一遍も堂内に数日の参籠をし、ここで「二河白道《にがびゃくどう》」の教えを感得する。

「二河白道」は中国浄土教の大成者、善導大師が『観無量寿経疏《かんむりょうじゅきょうしょ》』において説くものだ。浄土系である浄土真宗本願寺派の僧籍にある私も、「二河白道」について学んだ。ひと口で言えば、「白道」とは此岸（この世）から彼岸（浄土）へ渡る道のことで、一遍はこれこそが「南無阿弥陀仏」という念仏（名号）であると確信。この道以外に、自分の進むべき道はないことを悟るのだった。

一遍は郷里の伊予へ帰る。窪寺の庵に籠もって二年、さらに一年をかけ、修行道場として古くから知られる菅生《すごう》の岩屋で研鑽を積み、「十一不二《じゅういちふに》」という悟りの境地に達する。「十」は十劫《じっこう》という大昔に法蔵菩薩が悟りを開いて阿弥陀如来になったことを指す。「一」は、いまここに生きている自分が阿弥陀如来を一念することで、阿弥陀如来となって往生することをさす。「不二」は一体ということから、

「十劫正覚《しょうがく》の阿弥陀仏と一念往生の衆生《しゅじょう》とが一体である」

ということになる。

教義は難解になるので結論だけを言えば、「南無阿弥陀仏」の念仏を唱えることで極楽往生は約束されることを、一遍は腑に落ちて確信したということだ。

一二七四（文永《ぶんえい》十一）年二月八日、三十六歳の一遍は妻子を伴って郷里をあとにする。「捨聖《すてひじり》」の遊行《ゆぎょう》の旅立ちであった。

「真の他力本願」への道

一遍は説法しながら、「南無阿弥陀仏」と墨書した札（紙片）を配って歩く。これを「賦算《ふさん》」という。「算」はお札で、「賦」は配るの意がある。神社のお札にヒントを得て、

一遍が考えたもので、のちに時宗の重要な布教の手段となる。

念仏による極楽往生を確信して行脚する一遍は、和歌山の熊野で布教していて、「信心」という壁にぶつかる。「一切捨離」を説く一遍を理解するためには、このことに触れておかなければならない。

熊野の山道で、修験僧の一行と出会ったときのことだ。

「一念の信をおこし、南無阿弥陀仏ととなえて、この札を受けたまうべし」

と言って、先を歩く僧に差し出したところが、これを拒否して言い放つ。

「仏法の理論は承知しておるが、信心が起こらないのに札を受け取ったのでは、自分の心に違《たが》うことになる」

言われてみればもっともだ。筋が通っている。だが「わかりました」と言ってお札を引っ込めれば、修験者のあとに続く人たちに受け取ってもらえないかもしれない。押し問答をしていると、ますます人だかりがしてくる。一遍はあわてる。修験者にお札を渡さなければ引っ込みがつかなくなって、一遍は言う。

「信がなくてもいい、念仏を唱えなくても構わない。とにかく、このお札を受け取ってください」

無理やり修験者の手に押しつけたのだった。

一遍は後悔し、お札を渡した自分を責める。自分は間違ったことをしてしまった。だが、信を起こさず、念仏を唱える気もない人にこそ賦算はすべきものだ。しかし、受け取ってくれない。となれば、やはり無理やり手に押しつけるしかないのか。

「成り行きでいいではないか」

と気楽に構える人間であったなら、人間が救われてゆく道――「一切捨離」には辿り着かなかっただろう。一遍は乾いた雑巾を絞るように、突き詰めて突き詰めて、その先の納得の一滴を求め、熊野本宮に参籠し、熊野権現の啓示を仰いだ。

一遍の瞑想が深まったとき、白装束の山伏が夢現《ゆめうつつ》に姿を現して告げる。

「十劫の昔、阿弥陀如来が悟りを開いたときにすでに衆生の往生は決定《けつじょう》している。そなたが念仏を勧めたから往生するのではない。信不信や、浄不浄にかかわらず、札を配るがよい」

先に紹介した「十一不二」をより深化させ、「真の他力本願」を悟った一遍は、こうして迷いを断ち切ることができたのだった。

《南無阿弥陀仏　決定往生　六十万人》という文言を版木《はんぎ》に刻み、これを印刷して賦算に使う札を量産する。《決定往生　六十万人》というのは、当時の日本は六十余国から成っており、当面の目標を一国一万人としたからだった。のち、時宗は、一遍が夢告を授かったこのとき――文永十一年をもって開宗の年とする。

熊野を下りた一遍は、浄土での再会を告げて妻子と訣別する。捨離である。妻子を愛おしく思うその心を、捨て去ったのだ。

「明日」を捨てれば心が軽くなる

念仏往生する人は、宗教的資質として、上等・中等・下等の三つのタイプがあるとして、一遍はこんな意味のことを言っている。

「資質に恵まれた《上等》の人は、妻子を持って衣食住足りた境遇に暮らしても、それに執着することがないため、極楽往生できる。《中等》の人は妻子を除き、衣食住が満たされた生活をしても執着しないため、極楽往生できる。しかし、私のように《下等》の資質しかない人間は、執着が悪縁を生むため極楽往生はできない。だから妻子も家も捨て、衣食に事欠くような境遇に我が身を置かなければならない」

すべてを捨て去ることで、執着から自分を解放し、悪因縁を断たない限り、極楽には往生できないというのだ。

一遍の教えが理解できるだろうか？

私にはよくわからない。

いや、漠然とした感覚としてはわかるのだが、腑に落ちてこない。信仰や教養とは無関係に、モノに執着する心や人間関係に囚われる心など、自分を縛りつける鎖の一切を捨てれば楽に生きていけると思うが、

「なぜ捨て去ることが心の平静につながるのか」

ということが、いまひとつわからない。もっと言えば、なぜ私たちは「獲得する人生」に心を砕いて、あくせく日々を生きているのかということだ。

「それが煩悩というものだ」

と言ってしまえば身も蓋もなく、私は何度も一遍に関する資料や書籍をひっくり返してみるが、どうしても納得しない。

そのとき、一遍の次の一首に、心が引っかかった。

降れば濡れ　濡るれば乾く　袖の上を　雨とて厭《いと》う　人ぞはかなき

下野《しもつけ》国（現・栃木県）の小野寺を遊行しているときに通り雨に見舞われ、尼僧たちがあわてて袈裟や衣を脱ごうとしたときに詠んだもので、

「雨に降られりゃ、服も濡れるがな。濡れても、そのうち乾くがな。そんなことより、濡れまいとして右往左往するのは愚かなこと。雨のときは濡れればよい」

という意味だ。

「あるがままを受け入れよ」という教えとも、「こだわりの心を捨てよ」という教えとも読み解けるが、この句を「一切を捨離せよ」という言葉の上に置いてみると、「獲得の人生は、〝明日〟に思いを馳せる生き方に根源がある」

ということが見えてくる。

「雨が降る」という事実は、「このままだと濡れる」「嫌だ」——と無意識に連想し、濡れまいと右往左往する。濡れること自体よりも、「濡れると嫌だ」という思いに右往左往する、そのことに心が乱されている。ところが、

「濡れてもそのうち乾くがな」

と、雨が降ることに心をまかせれば、右往左往もしないし、心が急かされることもないということになる。

そして私が膝を打つのは、「そのうち乾く」という言葉だ。どういう事態になろうとも、物事にはすべて復元力が備わっていると、私はこの言葉を読み解く。

たとえば老後を考える。

「病気になったらどうしよう」

「生活費は大丈夫だろうか」

と、未だ来たらぬ〝明日〟であるにもかかわらず、思いをめぐらせれば「今日の不安」になる。だから不安にかられるまま、「獲得の人生」を生き、滑車の中をエンドレスで駆けまわるハツカネズミになってしまう。

一方、「老後がどうなるか、そのときになってみなければわからない」と、「濡れてもそのうち乾くがな」という精神で悠然と構えていれば、少なくとも「今日の不安」からは救われる。人生には復元力が備わっていると信じ、明日のことは明日にまかせ切って生きてみせるところに心の平穏があるのではないだろうか。

これは「生」だけでなく、「死」に対しても言える。いつ死ぬか、それは誰もわからない。元気で家を出た直後に倒れることだってある。反対に、いつ死んでもいいと覚悟しながら、延々と生命の火を灯し続けることもある。いつ死を迎えるか、予測不可能なことに思いを

煩わせるのは愚かの極みで、

「死ぬときがきたら死ぬがな。それまでは生きているがな」

という〝明日〟を考えない死生観に、心の平安がもたらされるのではないだろうか。

「捨てよ、何もかも」

と説く一遍の言葉を、私は「明日への思いを捨てさえすれば、すべては捨てられる」と受け取る。妻子を捨てることはない。家を捨てることはない。欲も捨てなくていい。「明日」という思いから自分を解き放とうとするだけで、人生観は劇的に変わってくるのだ。

死に臨み経典を焼き捨てる

熊野権現によって啓示を受けた一遍は、《南無阿弥陀仏　決定往生　六十万人》と書いたお札を賦算して諸国をめぐる。九州一円をまわったあと山陽道を上り、厳島《いつくしま》神社（広島県）に参拝したのち、備後《びんご》、備前《びぜん》（ともに岡山県）を巡歴して多くの人々に念仏を説き、出家させていく。

やがて多くの弟子たちが一遍にしたがって遊行するようになっていく。彼らは「時衆《じしゅ》」と呼ばれ、のち時宗という宗派の礎になるのだが、一遍には新しく宗派を開くつもりはまったくなかった。一人でも多くの人に念仏往生を説く——これが終生変わらぬ一遍の遊行であった。通りすがりの人が足を止め、すぐに去って行こうとも、阿弥陀如来と結縁《けちえん》して必ず往生するということから時衆——すなわち「時の人」と呼ばれた。時宗という宗派が成立するのは、一遍の没後のことである。

一遍と時衆たちが備前から京都、尾張（現・愛知県）、信濃の善光寺とまわって南下し、佐久《さく》（長野県佐久市）にしばらく逗留したときのことだ。信者の家の庭先に多くの人が集まって念仏を唱えていると、一遍は何を思ったか、縁先に立つと、手にした茶碗を箸で叩き始めた。すると、どうだろう。軽やかな音と心が浮き立つようなリズムに合わせ、みんなが踊り出したのである。不安と苦悩にあえぐ民衆が極楽往生を願い、全身を揺すって乱舞し、忘我の境地に恍惚とする。ここに一遍の「踊り念仏」が始まる。「遊行」と「賦算」に加え、踊ることそのものによって法悦（仏の道を聞いて起こるこの上ない喜び）を得る「踊り念仏」の三つを三大行儀とし、一遍の説く念仏往生の教えは急速に広がっていく。

一遍たちは佐久を発つと、東北一帯をまわり、太平洋側を南下して平泉、松島、常陸《ひたち》（現・茨城県の一部）へと至る。亡くなるまで十六年をかけ、東北から鹿児島まで遊行する。一遍の死後、時宗は、鎌倉後期から室町時代にかけて隆盛を誇り、最大級の宗派になっていくのだった。

一二八八（正応《しょうおう》元）年、一所不在の全国行脚を続けてきた一遍は病に伏し、死が間近なことを悟る。この年八月十日、阿波を発って明石に渡り、兵庫和田岬の観音堂に入ると、

「一代の聖教《しょうぎょう》みな尽きて南無阿弥陀仏になりはてぬ」

これまで生涯を通じて学んできた経典の中には何一つ残したいと思うものはない。ただ、南無阿弥陀仏だけが残った——と言って、経典など所持していた一切のものを焼き捨てた。

それから十一日が経った二十一日の昼間、勤行《ごんぎょう》のあとで時衆に踊り念仏をさせ、その二日後の朝、五十一歳の生涯を閉じる。

寺も建てず、著作も残さず、一遍は人生の一切を捨て切って生き、死んでいった。私たちには一遍の真似はできずとも、「捨てる」ということの意味を頭の片隅に置いて日々を過ごすだけで、新たな人生が拓けるように、私は一遍の人生に思うのだ。

宝厳寺（一遍生誕地）

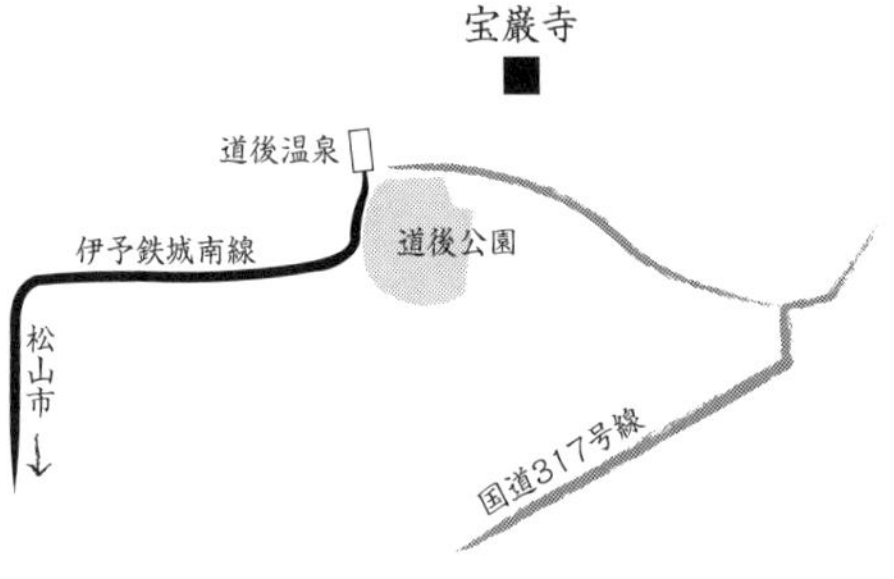

8　楽観して努力する、ということ

最《さい》澄《ちょう》（七六七―八二二）

エリート僧の座を捨て、十九歳で比叡山に籠もった最澄は、修行の誓いを立てた『願《がん》文《もん》』の冒頭にこう記す。

《悠々たる三界《さんがい》は、もっぱら苦にして安きことなく、擾々《じょうじょう》たる四生《ししょう》は、ただ患《うれ》いにして楽《たの》しからず》

「この世の中は無常であって、楽しいことは何一つとしてない。人間として生きていくということが大変な苦しみである」

悩める心情を吐露した最澄は、厳しい修行を自分に課し、唐に留学し、帰国して日本天台宗を開宗。既存の仏教宗派と激しく対立しながら、渾身の力で生き抜く。天台宗総本山・比叡山延暦寺からは、法然、栄西、道元《どうげん》、親鸞、日蓮《にちれん》といった錚々たる名僧が巣立ち、それぞれ大宗派を打ち立てていく。

日本仏教界という大山脈の最高峰にたとえられる最澄は、臨終の枕頭で「心形《しんぎょう》久しく労して一生ここに窮まれり」――私は身も心も疲れ果て、まもなく一生を終えるだろうと高弟たちに語りかけてから、

「道心のなかに衣食あり、衣食のなかに道心なし」

と告げて、五十六歳の生涯を閉じる。

道心とは仏道を学び実践する心のことだ。

「目標を定め、それを究《きわ》めたいと思うなら衣食のことなど考えてはならない。志を貫けば衣食はおのずとついてくる」

という意味で、

「生活の心配をしていたのでは事《こと》を成すことはできない」

と修行の心構えを説いたのだった。

私は若い頃、この言葉に背中を押され、経済的な不安を断ち切って物書きの世界に飛びこんだ。そして、還暦を迎えて再びこの言葉に接したとき、「道心のなかに衣食あり」という同じ一言《いちごん》に心が揺さぶられた。

還暦から平均余命まで約二十年ある。現役時代を四十年とすれば、その半分に当たる。いや、これまで人生の酸《す》いも甘いも噛み分けてきた経験を勘案すれば、これからの二十年間は質と密度において、現役時代の二倍にも三倍にも匹敵するだろう。老後でも余生でもない。文字どおり「人生・第二部」の幕が上がるのだ。

だが、いくら「道心のなかに衣食あり」とつぶやいてみたところで、きれいごとだけでは生きていけない。経済的な不安もあれば、健康も心配だ。体力だって、これまでのようにはいかない。そんなことを考えると、大過なく生き、眠るような臨終を迎えられたらいいと消極的な生き方になってしまう。

それが悪いというわけではない。好々爺《こうこうや》になるのもいい。隠居生活もいいだろう。だが、人生の幕が下りるまで、これから十年、十五年、二十年、人によってはそれ以上もある。夢を描き、目標を立て、それを成し遂げるには十分すぎるほどの時間ではないか。

最澄画像（国宝 一乗寺蔵）

提供：Hibi Sadao ／アフロ

最澄は言う。

「最下鈍《さいげどん》の者も、十二年を経れば、必ず一験《いっけん》を得る」

どんなに愚かで才能のない人間であっても、ひとつのことを十二年続けていれば、必ず一つは秀でるものをつかむことができる——という意味で、最澄自身のことを言ったものだ。比叡山に籠もって修行したのが十九歳から三十一歳までの十二年間。最澄はそこから表舞台に登場していく。

私は最澄にならい、「人生・第二部」の1クールを十二年間とし、文筆業と並行して僧侶の活動を始めた。思うにまかせないことはたくさんある。寺は持っていないし、いまさら寺に勤める気もない。年齢から考えて、これから僧侶として生計を立てていくのは難しいだろう。生活に対する不安は死ぬまでついてまわるに違いないが、これまで何とか生きてきたのだから、これからも何とか生きていけるのではないか。

「道心のなかに衣食あり」

という最澄の言葉は、

「楽観して努力せよ」

という意味に、私は受け取るのだ。

だが、最澄の半生は楽観とはほど遠い。「心形久しく労して一生ここに窮まれり」という吐露は本心から出たものであったろう。「道心のなかに衣食あり」という言葉は、理想論でもきれいごとでもなく、最澄が我が身を通して悟り、それを後世に残した「普遍の人生観」ということになる。

約束された将来を捨てて

時代は奈良末期——。

律令体制の国家は財政破綻に陥り、民衆は貧困にあえいでいた。疫病が襲い、京の都の道端には遺体が打ち捨てられている。そんな悲惨な時代に、僧侶は地位も生活も保証されていた。当時、僧侶は鎮護国家の役割を担う存在で、資格は国が与える「国家公務員」であったからだ。

ところが僧侶が次第に権力を持ち、政治を左右するまでになる。憂慮した桓武《かんむ》天皇は、奈良仏教（南都仏教）の弱体化を図る一方、それに対抗できる新たな〝仏教勢力〟を求めた。これがのち平安京遷都（七九四年）につながっていくのだが、こうした時代の地殻変動の中で、最澄は七六七（神護景雲《じんごけいうん》元）年八月十八日、比叡山の麓——近江国滋賀（現・

滋賀県大津市）に生まれる。

父親の三津首百枝《みつのおびとももえ》は一帯を支配する豪族で、信仰心が篤く、最澄の出家を強く望んだ。十二歳のとき近江の国分寺に預けられ、二年後に得度して「最澄」を名乗る。さらに奈良の都で研鑽を積み、七八五（延暦四）年、東大寺で具足戒《ぐそくかい》を受ける。具足戒とは僧侶が遵守《じゅんしゅ》する戒律のことで、受戒によって国家公認の官僧になる。社会的地位が高く、現代で言えば高級官僚に相当するだろう。最澄は、東大寺での栄達が約束されたのである。

ところが、受戒してからわずか三カ月後。最澄は突如、官僧の地位を捨て、比叡山に一人籠もって修行を始めるのだ。比叡山は大比叡と四明岳《しめいがたけ》からなる双耳峰《そうじほう》の総称で、滋賀県と京都北東部にまたがる東山三十六峰の一つ。いまでこそ観光地として人気だが、千二百年以上も昔は山岳修行の地だった。


最澄はなぜ、エリート僧の地位を捨てたのか。

一説によれば、仏教界の権威主義と、僧侶の腐敗堕落が許せなかったとされる。その心情は、冒頭に記した「悠々たる三界《さんがい》は、もっぱら苦にして安きことなく」という『願文』からも推察できるが、世俗の損得からすれば理解しがたいことだ。中央官庁の若きエリー

ト官僚が退職して個人商店を開くようなもので、

「早まるな」

と、友人なら押しとどめただろう。

最澄にも世俗の損得はわかっていたはずだ。将来のことを考えれば不安もよぎったことだろう。迷いもしたはずだ。「道心のなかに衣食あり、衣食のなかに道心なし」という最澄の言葉には、比叡山に籠もる決心をしたときの不安と迷いが見て取れる。

比叡山での修行は苛烈を極めた。経典を読破し、断食や瞑想に没頭する。深山幽谷の比叡の峯を駆け、山岳修行を続ける。そして三年が経った七八八（延暦七）年、山上に一《いち》乗止観院《じょうしかんいん》を建立。これがのちの根本中堂である。さらに経蔵を設けて多数の経典を収める一方、建物を整備するなど、着実に寺院の体裁を整えていく。

二十代の若い最澄が独力でこれだけのことをするのは不可能で、多くの寄進や援助があったはずだ。推察すれば、心ある仏教信者たちは、堕落した南都仏教の対極として最澄を位置づけ、期待をこめて応援したのではなかったか。最澄は、みずから彫った薬師如来を一乗止観院に安置し、仏の教えが永遠に伝えられることを願って灯明を供える。この灯火は千二百年以上が経った現在まで、一度も消えることなく受け継がれることになる。

時代の歯車は静かに回り始めていた。入山から約十年が過ぎた七九四（延暦十三）年、最澄は時代に押し出されていく。桓武天皇の平安遷都によって、比叡山の一乗止観院は都から見て東北——すなわち、表鬼門にあたることから、平安京を仏法力で守護する寺院になったのである。

命懸けで開いた人生の第二幕

一度、回り始めた歴史の歯車は、それ自身が力を生みだし、次第に勢いを増していく。遷都から三年後の七九七（延暦十六）年、庇護者の一人であった貴族の和気広世《わけのひろよ》の推挙によって、最澄は内供奉十禅師《ないぐぶじゅうぜんじ》として宮中に召される。内供奉十禅師というのは宮中の法要を営む役職で、天皇の安泰を祈り、助言する。僧侶の栄達である。最澄は三十一歳の若さで、「学徳兼備の高僧」として朝廷に認められたのだ。

抜擢の背景には、すでに記したように、桓武天皇が旧来の奈良仏教に対抗できる〝仏教勢力〟を求めていたことがある。時代が最澄を求め、最澄が時代を牽引し、平安仏教の指導者として歴史の表舞台にその姿を現す。

五年後、桓武天皇の心をつかむ決定的な場面が訪れる。和気広世が一族の追善法要を開くに際し、奈良仏教の錚々たる高僧を招くのだが、この席で最澄に「法華十構《ほっけじっこう》」の講義をさせたのである。教理を説き、見解を述べ、その碩学《せきがく》ぶりは居並ぶ高僧たちを唸らせる一方、桓武天皇は最澄を崇敬して庇護者となる。

官僧という登攀《とうはん》ルートでは山頂に至らずとして、最澄は茨の道を選んだ。十七年の修行を通じて仏道の高みに達し、比叡山に確固たる基盤を築き、そして仏教界で重きをなすまでになったのである。

功成り名を遂げ、これからのちは余生として大過なく暮らせば、万々歳の人生ということになるだろう。だが最澄は、〝人生の第二幕〟を演じようとする。唐（中国）に渡り、天台大師智顗《ちぎ》が大成した天台教学の教理修得を目指したのだ。千二百年以上も前の遣唐使の時代。海を渡って中国大陸に辿り着く船は半数とされた。帰国も同様となれば、命懸けの旅であった。

「そうまでしなくても」

と庇護者たちは止めた。

僧侶としてすでに名を成している。比叡山は隆盛の一途だ。あえて命を賭す必要はないではないか――そう口をそろえたが、最澄の決意は変わらなかった。教理を修得したいという純粋な求道であると同時に、リスクを承知で人生に挑戦し続けることに、生きて在ることの実感と、歓びがあったのではないだろうか。

「死」がなければ「生」は存在しない。だから兵士は戦場において「生」を実感し、余命宣告された患者は「生」を見つめる。「生の実感と歓び」は「死の覚悟」の上にある。

「充実した人生を求めるために、あえて死中に身を投じる」

という逆説が、人生においては成り立つということでもある。

最澄が現状に安住することなく、命懸けで〝人生の第二幕〟を演じようとした熱い生き方は、年齢を超えて、私たちに大きな示唆を与えてくれるのではないだろうか。

八〇三（延暦二十二）年、遣唐使が派遣されることになった。最澄は朝廷に入唐《にっとう》の許可を求め、許されて唐に向かう。遣唐使船は四隻で船団を組んだ。最澄は第二船に、そして第一船には、のちに真言宗を開く空海が乗っていた。日本仏教の巨星となる二人は、奇しくも同じ遣唐使船団で唐に渡ったということになる。後年、二人はライバルとなるのだが、このとき顔は合わせていない。航海は難儀を極め、四隻の船団のうち二隻が難破。幸運にも最澄と空海の船は唐に辿り着くのだった。

最澄は天台山（現・浙江《せっこう》省天台県）に赴き、天台教学のほか、禅と密教を学んで一年後に帰国。滞在中に書写した二百三十部四百六十巻の経典類を持ち帰る。

帰国した最澄は、宗派設立の許可を朝廷に願い出る。

すでに述べたように、当時の僧侶は国家が資格を与えた。狭き門で、年間の得度者数が定められており、これを「年分度者《ねんぶんどしゃ》」という。宗派と認められるには、年分度者の枠を朝廷から賜らなければならない。

最澄は、こう申し出た。

「一つの網の目では鳥を捕ることができないように、一つ、二つの宗派では、普《あまね》く人々を救うことはできない」

願いが聞き届けられ、二名の年分度者を賜ることが決まる。

こうして華厳宗・律宗・三論宗（成実《じょうじつ》宗含む）・法相《ほっそう》宗（倶舎《くしゃ》宗含む）に最澄の天台宗を加え、日本仏教界は十二名の年分度者が許されることになる。帰国した翌年の八〇六（延暦二十五）年、日本天台宗は正式に認可されたのだった。

最澄は、なおも走ることをやめない。十九歳で比叡山に籠もったときの情熱の火は、臨終の際まで赤々と燃え続ける。だが人生を〝回り舞台〟とするなら、順風が次第に逆風へと転じていくのは必然ということになる。日本天台宗が公認されたこの年、最大の擁護者であった桓武天皇が崩御。最澄にさまざまな問題が降りかかってくる。

晩年に至る苦難の人生を、最澄はどう生きたのか。

空海との訣別

最澄の名声に翳《かげ》りが出るのは、護摩《ごま》や加持祈祷《かじきとう》で現世利益《げんせりやく》を約する密教が、皇室や貴族の間で一大ブームを巻き起こしたことだ。主役は、同じ遣唐使船団で唐に渡った空海である。最澄も唐で密教を学んではいたが、これは『法華経』を中心にあらゆる教義の融合を目指したことによるものだった。

一方の空海は唐で教義を授かり、膨大な密教経典と密教法具を携えて帰国。密教ブームに乗って、たちまち名声を得る。密教理解において後れを取った最澄は、七歳下の空海に頭を下げて教えを請う。これを〝師〟に対する最澄の真摯な態度と見るか、あせりと見るか、あるいは打算と見るかは人によってさまざまだろうが、いずれにせよ最澄は、必死になって密教の教理を求めたのである。

経典の借覧を、最澄はたびたび願い出た。空海もこれに快く応じていたが、次第に二人の関係は悪化していく。最澄が借りたままにして、空海が督促してもなかなか返却しなかったことが原因とされる。「親切につけこんで、人のフンドシで相撲を取るのか」――そんな人間臭い腹立ちだったのだろうか。

両者はライバルだ。最澄にしてみれば、密教ブームに後れを取るわけにはいかなかっただろうし、空海にしてみれば易々《やすやす》と奥義を示すことに抵抗があっただろう。

そして最澄が、密教経典の中の秘中の秘とされる『理趣釈経《りしゅしゃくきょう》』の借覧を申し出たとき、空海はこれを断固として拒絶。以後、二人は訣別する。二〇〇九（平成二十一）年六月、天台宗トップの半田孝淳《はんだこうじゅん》座主が、高野山真言宗総本山金剛峯寺《こんごうぶじ》を訪れ、両宗派の開宗以来千二百年ぶりの和解としてメディアを賑わせたが、当時の二人の関係は、まさに不倶《ふぐ》戴天《たいてん》の敵同士になっていた。

だが、経典の貸し借りをめぐる争いは表面的なことで、最澄にしてみれば、後継者とも期待する愛弟子の泰範《たいはん》を空海に取られたことが耐えられなかったのではないだろうか。

両者が訣別する以前のことだ。

多忙を極める最澄は、泰範を空海のもとに通わせ、教えを請うことが少なくなかった。自分の代わりに、泰範に密教を修得させておこうという目論見もあったのだろう。ところが泰範は最澄のもとを離れ、空海の弟子になってしまうのだ。

これには最澄も愕然としただろう。密教では後れを取ったものの、かつて仏教界の堕落に敢然と背を向けたように、これからの日本仏教を牽引していくという自負がある。だから愛弟子を差し向けたのだ。ところが愛弟子は、空海のもとに走った。教義に負けたとは最澄は思わなかったろう。だが、そうでなければ人間性で負け、最澄の人格が否定されたことになってしまう。最澄が苦しんだのは、「愛弟子の離反」ではなく、「離反した理由」にあったのではなかったか。最澄は再三にわたって泰範に手紙を書き、帰るように切々と訴えるのであった。

それに加え、山を下りる者が続出した。比叡山の修行は厳しく、「論・湿・寒・貧」と呼ばれる。「論」は教理に対する問答のための勉強、「湿」は夏の湿気、「寒」は冬の寒さ、そして「貧」は貧しい衣食。それに耐えかね、さまざまな理由を口にして逃げていく。理想に燃えて開宗した最澄であったが、その理想が一転、刃となって自分に斬りかかってきたのである。

人生の上り坂にあるときの離反は、目が将来に向いているため何とか乗り切れる。しかし、晩年に至っての離反はこたえる。信を失うことは、これまで築いてきた人間関係の否定であり、裏切られるということは、自分の人格と人生の全否定でもあるからだ。
最澄は孤独に耐えた。情熱の火を消すことなく、生涯の悲願――大乗戒壇《かいだん》院の設立を朝廷に訴え続けていく。

たとえ道なかばであろうとも

当時、僧侶になるために受戒できる戒壇（戒律を受ける場所）は東大寺（奈良）、観世音寺（筑紫）、薬師寺（下野）しかなかった。これらは「天下の三戒壇」と呼ばれ、権威を持っていた。比叡山で修行した最澄の弟子たちも、正式に僧になるには、これら三戒壇で具足戒を受けなければならない。これでは奈良仏教という守旧派の風下に立たされ、天台宗は大きく発展することができない。

しかも、教義においても、『法華経』の精神に基づく大乗の精神――すなわち、僧侶だけでなく、すべての人々が共に救われるためには、戒律は大乗の梵網《ぼんもう》菩《ぼ》薩戒《さつかい》でなければならないと最澄は考えた。

だが、比叡山に大乗戒壇院を設立することは、奈良仏教界にとっては権威の失墜につながるため、当然ながら猛反対した。恃《たの》みとした桓武天皇はすでに他界している。跡を継いだ嵯峨天皇は空海の庇護者だ。逆風の中で最澄は『山家学生式《さんげがくしょうしき》』を定め、天台宗の修行規定（戒律）を明確に示して嵯峨天皇に提出。三度にわたって天台僧の養成と大乗戒壇院の設立を願い出るが認可されなかった。

それでも最澄はあきらめず、奈良仏教と激しい論戦を戦わす一方、『顕戒論《けんかいろん》』を著し、経典に示された根拠を挙げつつ大乗戒壇の正当性を朝廷に訴えたが、これも認められなかった。

そして、同書を提出して二年後の八二二（弘仁《こうじん》十三）年春、病に伏す。

「心形久しく労して一生ここに窮まれり」

という最澄の言葉は、志なかばの無念を吐露したものと受け取られているが、このとき口にした「道心のなかに衣食あり、衣食のなかに道心なし」という達観の境地を重ね合わせると、

「道なかばであろうとも、私は身も心も疲れ果てるほどに生き切った」

という、最澄の澄み切った晩年の心境を見る。

病を得て二カ月ほどが経った六月四日辰の刻（午前八時ごろ）、比叡山の中道院において、五十六歳の生涯を閉じる。

大乗戒壇院設立の認可が下りるのは、それから七日後、初七日にあたる六月十一日のことであった。

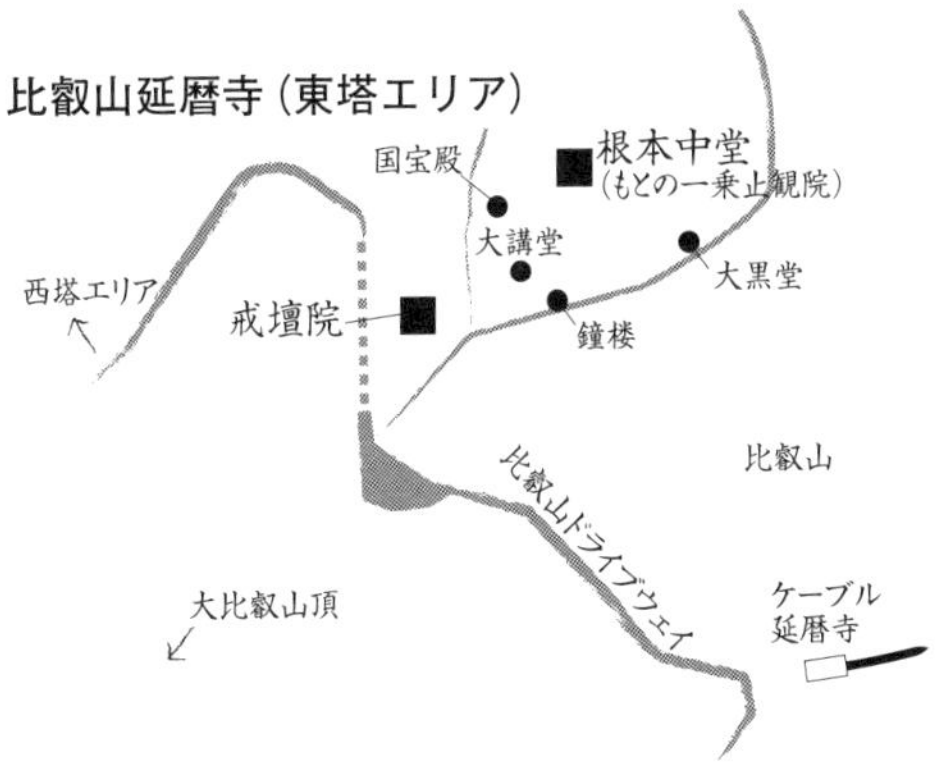

9　真の終活とは「いまをどう生きるか」

空《くう》　海《かい》（七七四－八三五）

自分は何歳まで生きるか。

この思いが人生設計の根底にある。現役時代は定年から逆算し、退職後は平均余命を漠然と念頭に置いて、残りの人生をどう生きるかに思いを馳せる。寿命は人智のおよばざるものとわかってはいても、

「今日死ぬか、明日死ぬか」

と考えるのは薄氷の上を歩くようなもので、おちおち眠ってもいられないだろう。「何歳まで生きるか」という仮想のゴールは、その日を安逸に暮らす方便でもある。

ところが、まだまだ先にあると思っていたゴールが、いきなり目前に現れたらどうか。病を得て「余命、あと何年」――となれば狼狽《ろうばい》する。狼狽したあとは不安に苦しみ、「何

で俺だけ」と怒りが込み上げてくる。そして、助かる方法を求めてあがき、どうにもならないと悟ったときに絶望する。死を受け入れることのできる人は心に折り合いをつけ、受け入れることのできない人は悲歎《ひたん》の日々を送る。

これが、いきなり死というゴールを目前にしたときの、私たちである。

空海にも人生設計はあった。

弘法大師（空海）の肖像

提供：首藤光一／アフロ

「吾れ初めは思いき、一百歳に及ぶまで世に住して教法を護《まも》りたてまつらんと」

私は当初、百歳まで生きて仏の教えを護り申し上げようと考えていた――と、空海自身が『御遺告《ごゆいごう》』において語っているように、「何歳まで生きるか」「生きていたいか」という思いは念頭にあった。百歳というのは具体的な数字ではなく、自分が開いた真言宗を護持するため、できるだけ長く生きたいという願望をたとえて言ったのだろう。

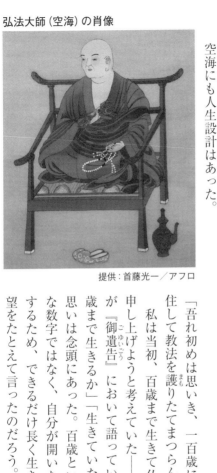

ところが還暦を前にして体調を崩し、死期が近づいていることを悟る。百歳というゴールが四十年の前倒しになって目前に現れたのだ。

空海はどうしたか。五穀を断つことで身体を浄化し、死と対坐し、寿命から逆算して〝人生のリスケジュール〟をする。

「やり残していることは何か」

「これから何ができるか」

「何をやっておくべきか」

冷静に考え、敢然と着手する。宮中真言院の設置、高野山金剛峯寺のさらなる発展に全精力を傾注。そして、八三五（承和二）年三月丙寅《ひのえとら》（二十一日）、空海は六十二歳で波乱の生涯を閉じるのだった。

私たちに空海の真似はできない。空海のように強く生きることも、強く死ぬこともできない。そう考えたとき、

「なぜ空海は予期せぬ〝余命〟を泰然と受け入れることができたのか」

という疑問に突き当たる。

信念か、使命感か、それとも悟りか。

だが、もしそうだとすれば、信念も使命感もなく、まして悟りとは縁遠い人間は死を平然と受け入れられないということになる。まして予期せぬ〝余命〟となれば、狼狽と絶望の中で人生を呪いながら死んでいくことだろう。

そんな人生でいいのだろうか。

死は必然であり、多くは突然やってくる。心が乱れようとも、それを甘受し、泰然と、堂々と、未練を残すことなく死に対坐する方法はないのだろうか。私たちに空海の真似はできないが、空海がいかに生き、いかに死を迎えたかを知ることで、その手がかりをつかむことはできるはずだ。

空海の死生観をあらわすものとして、自著『秘蔵宝鑰《ひぞうほうやく》』に次の文言がある。

生生生生暗生始
死死死死冥死終

「生れ生れ生れ生れて、生の始めに暗く。死に死に死に死んで、死の終わりに冥《くら》し」

と読む。「生の始めに暗く」「死の終わりに冥し」とは、人生そのものがわからないで生き、わからないままに死んでいくという意味で、それに気づくことなく、私たちは迷いの世界で生死《しょうじ》を繰り返しているとする。

生死の繰り返しを仏教では「輪廻《りんね》」と呼び、悟りとはそこからの解脱のことを言うが、悟りを得ずとも、死を堂々と迎えることのできる人生があるのではないか。堂々と迎えられずとも、気が少しは楽になる生き方があるのではないか。真言密教を日本にもたらした空海の半生に、それを求めてみたい。

「なぜ生きるのか」という根元的な問い

空海は奈良時代後期の七七四（宝亀《ほうき》五）年、佐伯直《さえきのあたい》田公《たぎみ》の三男として、讃岐国多度《たどの》郡《こおり》屏風浦《びょうぶがうら》（現・香川県善通寺《ぜんつうじ》市）で生まれた。幼少の頃より神童のほまれが高く、両親はわが子を「貴物《とうともの》」――貴くて珍しい子供と呼んだ。母の兄弟である阿刀大足《あとのおおたり》は著名な学者で、のち桓武天皇の皇子である伊予親王《いよしんのう》に仕えて儒教などを講義している。

阿刀大足について学んだ空海は、十八歳のとき、奈良の都にのぼって大学寮（律令制下の官僚育成機関）に入る。入学資格は貴族の子弟に限られていたので、これはきわめて異例のことだった。阿刀大足の尽力があったとすれば、それほどに空海の才を惜しんだということなのだろう。

大学には明経《みょうぎょう》・明法《みょうぼう》・文章《もんじょう》・算道などの学科があり、空海は儒教研究を主体とする明経道を専攻する。大学を出て、学者か中央官界へ――というのが既定路線で、「貴物」の神童も、おのれの前途に胸をふくらませたことだろう。

ところが、入学して一年後のことだ。

「我の習う所は古人の糟粕《そうはく》なり。目前に尚《なお》も益なし」

と宣言するや、突如として大学を去ってしまうのだ。

「糟粕」は酒粕《さけかす》のことで、「私の習っていることは聖人たちが唱えた言葉の〝酒粕〟のようなもので、何の役にも立たない」という意味だ。空海は儒教を捨てて仏教に傾倒。山林修行に入る。阿波《あわ》国の大滝嶽《たいりゅうがたけ》から始まって土佐の室戸岬、四国の最高峰である石鎚《いしづち》山、さらに大和の霊峰吉野山にも修行の場を求めていくのだった。

一般的に考えて、立身出世の道を捨て、将来に何の保証もない山林修行の世界に飛び込むとは尋常ではない。大学の勉強に飽き足らない――といった単純な理由では、もちろんあるまい。仏教に惹かれたこと、そして空海がのちに記す「生生生生暗生始　死死死死冥死終」という文言に、「大学中退」を重ね合わすと、"生死の問題"にぶつかって苦悩していたと見るのが自然だろう。

「なぜ生きるのか」

「何のために生きるのか」

という〝生死の問題〟はとても厄介だ。

青年期、それは前途に立ちはだかる壁となり、ぶつかってはね返され、乗り越えようとして足を滑らせ、絶望に足がすくんだりもする。壮年時代になれば、生死の問題は頭の隅に封印し、仕事と家族のために日々を必死で生きていく。そして晩年を迎え、「何歳まで生きるか」を考えたとき、不安より希望が勝る人はそうはいないだろう。経済的なことや健康不安をかかえ、「なぜ生きるのか」「何のために生きるのか」という根元的な問いがあらためて頭をもたげてくるが、容易に答えは見つからない。青年期がそうであったように、これからどう生きていくべきか、再び足をすくませることになる。

仏教は二千五百年前の昔から「生死」をテーマとし、究極の目標を解脱におく。だが、釈迦の説いた経典は八万余巻。どの経典を拠り所にするかによって、解脱に至る教理と手法は宗派で異なる。解脱という山上は一つであっても、ルートがさまざまあるため、分け入った山道で迷うことになる。

空海は後年、研鑽と修行を通して真言密教という登攀《とうはん》ルートを新たに確立することになるのだが、そこに至るにはまだ二十年の歳月を要する。

大学を中退し、各地の修験場《しゅげんじょう》で激しい修行を積んだ空海は七九七（延暦十六）年、二十四歳のときに著作『三教指帰《さんごうしいき》』を著す。儒教・道教・仏教を比較したもので、仏教こそ真の教えであると論証する。日本初の比較思想の書で、その真筆はのち国宝にも指定されるが、これをもって空海の「出家宣言」とする。

登攀ルートの麓に立ったのである。

中国で密教の奥義を伝授された理由

空海の出家の時期については不明とされる。

二十歳のとき、和泉《いずみ》国槇尾《まきお》山で出家したという説もあれば、唐に渡る直前の三十一歳、資格として必要に迫られ、東大寺戒壇院で得度受戒したという説もある。それまで空海は、正式に僧侶とは認められない在家僧――優婆塞《うばそく》であったともされる。

『三教指帰』を著した翌年、空海は『大日経《だいにちきょう》』に接する。『大日経』は密教の根本経典で、空海はこの経典に真の仏法が秘められていることを直感するが、まだ体系的に整理されておらず、これについて説く僧侶もいなかった。そこで密教を究めるため、唐に行くことを切望。八〇三（延暦二十二）年、遣唐使が派遣されることになり、空海は渡唐が許されることになる。

遣唐使船は四艘仕立ての船団で、第一船に空海、そして第二船には生涯のライバルとして日本天台宗を興す最澄が乗船していたことは、最澄の項で記したとおりだが、両者の身分はまるっきり違っていた。最澄はエリートの還学生《げんがくしょう》で、空海は留学生《るがくしょう》。還学生は一年ほどで帰国できるが、留学生は二十年間の滞在が義務づけられていた。奈良時代ということを勘案すれば、二十年も唐に留め置かれることは〝置き去り〟も同然で、帰国後の活躍が保証される還学生とは、天と地ほどの差があった。

このことから、判官贔屓《ほうがんびいき》もあって、エリートの最澄よりも、無名だった空海に肩入れしたくなるが、ことはそう単純ではない。

唐の都・長安に赴いた空海は、密教の第一人者であった青龍寺《しょうりゅう》に恵果《けいか》和尚を訪ね、師事することを願い出る。初対面でありながら、空海の非凡なる才能を見抜いた恵果は、密教の奥義を伝授する。

「非凡なる才能」とひと口で言えばそれまでだが、弟子二千名とも言われる高僧の恵果である。それほどに空海は天才的であったということと同時に、この青年僧であるなら、自分が確立した密教を日本に根づかせてくれるのではないかと期待もしたのだろう。難解な密教について中国語で教わることができたという事実は、大学中退後、消息不明とされる七年間に、空海がいかに密教の研究に没頭したか、その証左と言ってよい。

そしてさらに、土木技術や薬学をはじめ多分野を学ぶ。のち、この技術を駆使して、満濃池《まんのういけ》――現在の香川県にある日本最大の農業用溜め池――の改修を指揮し、アーチ型堤防など当時の最新工法で工事を成功させる。宗教家「空海」としてだけでなく、「弘法大師《こうぼうだいし》」として親しまれるのは、渡唐で得た技術と知識が大きく与《あずか》っている。

一線を飛び越えずに「これから」はない

二年後、恵果和尚の死去にともない、空海は帰国を決意する。遣唐使船に便乗し、暴風雨に見舞われる中、命懸けで九州に辿り着く。「日本で密教を広めよ」という恵果和尚の遺言に従ったとされるが、弟子を代表して空海が書いた恵果の碑文の中に、「虚往実帰」――「虚《むな》しく往《い》きて、実《み》ちて帰る」という言葉がある。恵果和尚への感謝と同時に、密教を究めたとする空海の自信と昂揚《こうよう》が見て取れるだろう。多数の経典類や大曼荼羅《だいまんだら》、密教法具など多くのものを持ち帰った。

だが、二十年の滞在を義務づけられているにもかかわらず、わずか二年で切り上げて帰国したのだ。罪に問われ、遣唐使船が着いた九州の大宰府に留め置かれることになるが、空海は言う。

「空海、闕期《けつご》の罪（二十年留学を命ぜられていたのに二年で帰国した罪）、死して余りありといえども竊《ひそか》に喜ぶ。得難きの法を生きて請来《しょうらい》せることを」

言葉こそ丁重だが、〝居直り〟である。

「留学期間を短縮したことは悪いが、その代わりに、密教という最新最高のものを自分は持ち帰ったではないか」

と言外に反論したのである。

これを空海の度胸と見るか、宗教家としての純粋性と見るか、あるいは〝駆け引き術〟と見るか意見はさまざまあるだろう。かつて「我の習う所は古人の糟粕なり。目前に尚も益なし」として大学に見切りをつけたことを思えば、純粋な心に度胸と決断力が加わっての帰国であったと考えるのが一般的だろう。

　空海が何を思ってのことかはともかく、空海の決断に見るのは、何か事を成そうと思えば、どこかで一線を飛び越えなければならないということだ。それが規則であれ、既存の価値観であれ、人生であれ、「これまで」に縛られている限り、「これから」はあり得ないということになる。

　空海は見事、一線を飛び越えた。当時、密教は仏教の新しい潮流であり、朝廷がこれを求めたのである。空海が帰国した年――八〇六年三月に桓武天皇が崩御し、平城《へいぜい》天皇が即位していた。

　ちなみに密教は、その字面から独特のニュアンスを感じるかも知れないが、仏と人が一体となるための教えと実践である。教理が難解であるため、人々に説いても理解されにくいことから「密」と称する。

　朝廷が密教に惹かれた理由は、密教の霊力による鎮護国家と、生きながら仏となる即身成仏にある。即身成仏とは、人間は加持（行）を通じて大日如来と融合一体化したとき、大日如来そのものになるという教えだ。日本の仏教でいえば、真言宗と天台宗の一部が密教で、その他の宗派――法相宗、華厳宗、浄土宗、浄土真宗、時宗、臨済宗、曹洞宗などはすべて顕教《けんきょう》と言う。

顕教に対する密教の優位性として、空海はこう語っている。

「顕教は、病気の治療にたとえれば、病気の原因についてあれこれ解説し、薬の効能を述べるだけである。これに対して密教は、処方箋によって薬を調合し、それを患者に飲ませて、実際に病気を治す」

世情不安の時世にあって、朝廷は密教に魅せられていく。最澄の章で記したように、最澄が自身の不備な密教を補完するため、空海に教えを請うのには、こうした時代背景があった。時代の風は、「留学生」に過ぎなかった空海に向かって吹き始めたのである。

空海の立場を決定的にするのは、八一〇（大同五）年に起こった「薬子《くすこ》の変」だ。重祚《ちょうそ》（退位した天皇が再び即位すること）を企てた平城上皇と嵯峨天皇との政権をめぐる対立である。このとき空海は嵯峨天皇側につき、鎮護国家のための大祈祷を行った。この変は嵯峨天皇側が迅速に兵を動かしたことによって、平城上皇が出家して決着する。嵯峨天皇はますます密教に傾倒し、天皇の庇護のもとで、空海は頭角を現していく。

「薬子の変」の翌年、聖徳太子が開いたとされる古刹・乙訓寺《おとくにでら》の別当を務める。さらに翌年十一月、高雄山寺《たかおさんじ》にて金剛界結縁灌頂《こんごうかいけちえんかんじょう》を開壇《かいだん》。入壇者には、最澄も含まれていた。その翌月の十二月には胎蔵《たいぞう》結縁灌頂を開壇し、入壇者は最澄やその弟子円澄《えんちょう》、光定《こうじょう》、泰範のほか百九十名にのぼり、空海の名声は一気に高まるのだった。

ちなみに最澄が、密教経典の中の秘中の秘とされる『理趣釈経《りしゅしゃくきょう》』の借覧を申し出るのはこの翌年、八一三（弘仁四）年のことで、これを空海が断り、二人が訣別するのは最澄の項で述べたとおりだ。日の出の勢いの空海にしてみれば、そろそろ最澄と手を切る時期だという判断もあったのではないだろうか。

八一六（弘仁七）年六月、修禅《しゅぜん》（坐禅などを修めること）の道場として高野山の下賜を朝廷に請い、勅許を賜る一方、その七年後には、嵯峨天皇より勅賜された東寺《とうじ》（教王護国寺）を真言宗の根本道場として宗団を確立。真言密教は隆盛を誇る。

死んだあとに何を遺したいか

空海は日本に密教を確立した。

これをさらにどう発展させていくか。「百歳まで生きる」とした空海は、それに合わせたビジョンを描いていたことだろう。

ところが病魔が襲う。空海が体調を崩すのは、還暦を目前にした八三一（天長《てんちょう》八）年のことだった。悪性の皮膚感染症（腫れ物）である癰《よう》を発症する。発症の部位は頭部とも頸部とも言われ、回復の兆しが見られないため、公的な僧職である大僧都《だいそうず》を辞して高野山に籠もる。思いも寄らぬ〝伏兵〟であった。

このとき、空海は余命を悟ったのだろう。翌年の十二月から入定《にゅうじょう》（死去）を遂げるまでの二年余り、冒頭で記したように空海は五穀を断ち、わずかな木の実を食して命をつなぐ。一説によれば、穀物に含まれる脂肪分を断つことで身体を浄化しようとしたとも言われる。余命を悟り、冷静に〝人生のリスケジュール〟をすると、宮中真言院の設置と、高野山金剛峯寺のさらなる発展に全精力を傾注するのは、すでに紹介したとおりだ。

これまでの空海の足跡を見てわかるとおり、空海は渾身の力で生き抜いてきた。仏道に対する信念だけでなく、宗派を立てるとなれば政治力も必要になるだろう。功名心もなかったとは言えまい。動機は何でもよい。空海は日々を燃え尽きながら生きた。燃え尽きたあとの灰燼《かいじん》が風で吹き飛ばされ、中空へ飛散して跡形もなくなるように、日々を完全燃焼する生き方は、今生《こんじょう》に残す未練は少なくなるのではないか。

死に臨んでこれを積極的に受け入れるには、「いま」を渾身の力で生き抜くことだ。燃え尽きるような生き方をすることだ。年齢は関係しない。若者であろうと、働き盛りであろうと、熟年であろうと、生きている限り、その日を完全燃焼する。このことが何より大切なのではないだろうか。

真の「終活」とは、

「いまをどう生きるか」

という一点にあることを、空海は私たちに示している。

生生生生暗生始
死死死死冥死終

「生れ生れ生れ生れて、生の始めに暗く。死に死に死に死んで、死の終わりに冥し」と説く空海の言葉は、人生そのものがわからないで生き、わからないままに死んでいくという意味だと紹介した。

このことを現実生活において読み解くと、私たちは「まやかしの人生」を生きているということだ。カネ、享楽、出世、生き甲斐、夢の自己実現、あるいは子供のため、家族のためといった生き方は、一見、素晴らしいように見えて、それらに囚われる心は「死の必然」から目をそらせているに過ぎないということになるのだろう。

ならば、完全燃焼する生き方とは何か。それは世代や立場、職業などによって当然、違ってくる。万人に共通する正解はない。だから各人が我が身に問いかけ、答えを見つけていかなければならない。

そして、見つけた答えが、「何のために生きるか」「どう死んでいきたいか」「死んだあとに何を遺したいか」ということにつながっていくのではないだろうか。

八三五（承和二）年三月丙寅《ひのえとら》（二十一日）、空海は六十二歳で波乱の生涯を閉じる。

高野山金剛峯寺

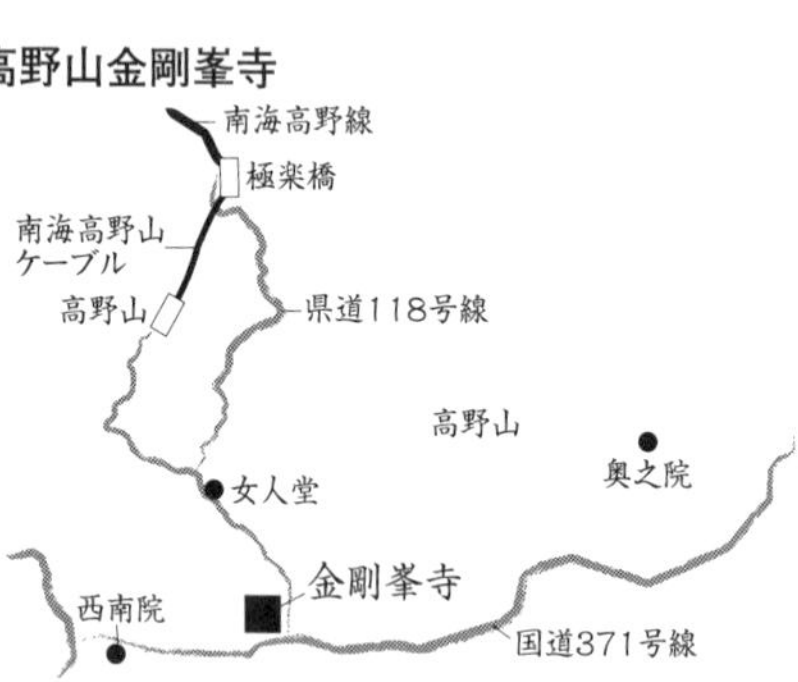

10　苦悩の人生に見いだした生への讃歌

種田山頭火《たねださんとうか》（一八八二―一九四〇）

丸い眼鏡に網代笠《あじろがさ》、粗末な僧衣に錫杖《しゃくじょう》をついて気の向くままに諸国をめぐり、俳句を詠んで酒をくらう。放浪、行乞《ぎょうこつ》、泥酔、無頼――。これが曹洞宗の禅僧にして、俳人であった種田山頭火だ。

放埓《ほうらつ》ではあるが、何もかも捨て去って人生を漂泊する生き方は多くの人を惹きつける。人間は人間関係の中でしか生きられないとわかっているからこそ、自由というものに憧憬するのだろう。

だが、山頭火は本当に「漂泊の自由人」だったのだろうか。

次の一句が目を引く。

捨てきれない荷物のおもさまへうしろ

捨て去ろうとして捨てきれない荷物とは、苦悩も希望も含めた人生のすべてのことで、山頭火は苦悩の海でもがき続けた。母の自殺、一家の破産、自殺未遂、離婚、出家、そして生涯を通じて苦しむ神経症。「漂泊の自由人」どころか、重荷によろきめながら人生街道をさまよったのが山頭火だった。

だが、重荷によろめきながらも一九一五（大正四）年、三十四歳のとき、山頭火は俳句誌『層雲』にこんな一文を寄せる。

「苦痛に徹せよ。しかし苦痛は戦うて勝てるものではない。打ったからとて砕けるものではない。苦痛は抱きしめて初めて融けるものである」

苦痛は克服するものではなく、甘受することによってのみ解き放たれるとする。山頭火が出家するのは、この一文を著してから十年後のことになるのだが、「苦悩を甘受せよ」とする人生観に、すでに仏道の境地が見て取れる。

私たちは苦悩に直面すると、他人のせいにする。環境のせいにし、最後は運のせいにしたりもする。原因を外に求めたのでは解決するわけがなく、したがって解決しないことに苦しむ――これが苦悩の本質だと仏道は教える。「甘受」とは、苦悩と対峙するのではなく、肩を組んで二人三脚で行くことだ。このことを山頭火は「融和」と表現した。

山頭火は苦悩の生涯を送った。だが、「苦悩」は「不幸」と同義語ではない。山頭火は辞世の句に詠む。

もりもり盛りあがる雲へあゆむ

草庵から見上げた窓の外の秋空に、雄大な雲がそそり立って見えたのだろう。「その雲に向かって私は一歩ずつ進んでいく」と力強いメッセージを残した。苦悩の人生の中で酒に溺れ、人生に溺れかけた山頭火は、いかにしてこの晴れ晴れとした境地に到達して死んでいったのか。もし、私たちが晩年を自由人として存分に生きたいと望み、山頭火の〝苦悩の人生〟をそれぞれが我が身に引き寄せてみたとき、そこに学ぶものは多い。

母の自殺と〝逃避の死生観〟

人間は「白紙」でこの世に生を受け、日々の生活を通して精神が形成されていく。だから、精神が未発達の子供が激しいショックを受けると、それがトラウマとなり、場合によっては生涯それを引きずって生きていく。山頭火の死生観は母親の自殺によって形成された。生涯を通じて神経症を病み、二度にわたる自殺未遂もここに起因する。

一八八二（明治十五）年十二月三日、大地主である種田家の長男として、山口県防府《ほうふ》市に生まれる。本名は「正一《しょういち》」。勉強のできる聡明な子供だった。父・竹次郎は村の助役で、地元の有力者。事業にも、家産を守ることにも関心はなく、長州閥の国会議員を応援するなど〝政治道楽〟の一方、芸者遊びの日々であった。

事件は一八九二（明治二十五）年の三月、山頭火が十一歳のときに起こる。自宅の敷地で友達と遊んでいると、野良着姿の小作人たちが顔をこわばらせて古井戸に駆けていく。ただならぬ気配に山頭火も後を追った。

「猫が井戸に落ちて死んだんじゃ、子供らはあっちへ行け」

そう言って山頭火を遠ざけようとした。

大人たちの脚の間から筵《むしろ》が見えた。ずぶ濡れになった母が横たわっている。山頭火の全身を恐怖が走った。自殺の理由はハッキリしない。だが、苦悩から逃れるために自ら命を断つという解決法は、幼い山頭火の意識下に刷り込まれたことは容易に想像できる。

「死ねば楽になる」――すなわち「死」に「生」を求める〝逃避の死生観〟である。

山頭火は学業に没頭する。一八九九（明治三十二）年、私立周陽《しゅうよう》学舎（現・防府高校）を首席で卒業。名門・山口県立山口尋常中学校に四年級から編入し、ここでも首席となる。

いまを精一杯生きようとする姿勢は孤独感の裏返しでもある。孤独感は厭世につながり、そうであってはならないという恐れと無意識の抵抗が、結果として努力と勤勉につながっていく。だが、心の奥底に孤独感という〝苦痛〟が巣くっているという事実は、いささかも変わらない。

山頭火は早稲田大学の文学科に進学し、上京する。十代から俳句に親しんでおり、将来は文学で身を立てようとしていたとされるが、新しい環境はナイーブな山頭火には過酷だった。それでなくとも口数が少ない人間だ。地方訛りを気にして友人の輪には入れず、孤独感を強めていく。

意気地がないと言って批難するのは屈託なく育った人間であって、「母の自殺」を引きずり、精神に大きな疵《きず》を負う青年には、人間関係そのものが苦痛であったのだろう。

そんな自分に山頭火は焦燥し、屋台に寄って初めて酒を飲む。馴れぬ口に酒はうまいものではなかったろうが、酔いは苦悩から解放してくれる。そのかわり二日酔いに目ざめたときの煩悶《はんもん》と焦燥感は、それまでに比して自己嫌悪に陥る。
だから再び酒に走る。酒と焦燥感は対《つい》となって、終生ついてまわる。
のち、山頭火は日記にこう記す。

無駄に無駄を重ねたやうな一生だった。
それに酒をたえず注いで、
そこから句が生れたやうな一生だった。

そんな生活がいつまでも続けられるわけがない。進退窮まり、退学して一九〇四（明治三十七）年七月、東京を去る。この年の二月、大国ロシアを相手に日露戦争が勃発。日本中が高揚感に沸く中を、山頭火はひとり肩を落とし、蕭然《しょうぜん》と郷里の山口県へ帰っていく。二十三歳のときだった。

酒に溺れる日々

この頃種田家の家産は、父・竹次郎の政治道楽と女道楽のせいで傾いていた。さすがに竹次郎もあわてたのだろう。山頭火が帰ってきた二年後、酒造場を買い取って事業を始める。

鬱病がそうであるように、心の病は誤解されやすい。覇気に欠け、気力が足りないと周囲の目には映る。父の竹次郎もそう思った。卒業もできず、落ち武者のようになって帰ってきたばかりか、まったく頼りにならない。種田家が大変なときに、家業に関心さえ示さない。苛立ち、「嫁をもらえばしっかりするのではないか」――と、これはどこの親でも考えることだろう。一九〇九（明治四十二）年八月、佐藤光之輔の長女サキノと結婚。山頭火二十八歳、サキノは二十一歳であった。翌年には長男・健が生まれている。

だが、結婚と前後して種田家は八方塞がりとなっていた。酒造場はうまくいかず、家屋敷のすべてが人手に渡ってしまう。早稲田を退学して七年。結婚を機に、もう一度、文学に懸ける決意をする。本名の「正一」を捨てて「山頭火」と名乗り、翻訳や評論など文芸活動を開始。俳句を本格的に学び始め、荻原井泉水《おぎわらせいせんすい》が主宰する新傾向俳句誌『層雲』三月号に、初めて投稿句が掲載される。

山頭火は俳句の世界で頭角を現していく。前途にともる希望の灯。新たな人生が拓けるのではないか。山頭火は胸をふくらませたことだろう。

暗転は、初掲載から二年が過ぎた一九一五（大正四）年四月にやってくる。種田酒造場が倒産。父の竹次郎が夜逃げしたため、山頭火が債権者たちの怒声の矢面に立たされる。ナイーブな神経が耐えられるわけなく、句会の友人を頼って妻子と熊本へ逃げ落ちていくのだった。

わずかな所持金をもとに三坪——六畳ほどの小さな古本屋「我楽多《がらくた》」を開き、古本のほか額縁の販売を始める。客が来ない。店を開けさえすれば何とかなるほど商売は甘くはなく、人生の再出発はスタートからつまずいてしまった。さらに、倒産による借金を苦にした弟・次郎の自殺が追い打ちをかける。弟を見殺しにしてしまったという自責の念に苛まれ、山頭火は酒に溺れていくのだった。

どうすればいいのか。山頭火は激しく自問したことだろう。このままではいけない、何とかしなくては、気を強く持て、頑張れ、働け……。自分を叱咤もしたはずだが、追い込めば追い込むほど心が竦《すく》んでしまう。酒に走るしかなかった。

「まず、ほろほろ、それから、ふらふら、そして、ぐでぐで、ごろごろ、ぼろぼろ、どろどろ」

――本人がのちに語った「泥酔への過程」である。最初の「ほろほろ」の時点で、すでに三合。底なしの酒であった。

朝に昼に夜に酔いつぶれたとしたら、もはや廃人である。山頭火は、そうはならなかった。妻子を置いて衝動的に上京する。居ても立ってもいられない焦燥感。東京へ行けば何かが拓けるのではないか――そんな思いに駆り立てられたのである。

八方塞がりに追い込まれたとき、私たちはじっとしている、そのことに恐怖する。だから動く。それがもがきであろうとも、精神的に追い詰められれば、もがかざるを得なくなる。山頭火の衝動的な上京も、そしてのちの漂泊も、きっとそういうことなのだろう。

句会の友人を頼って上京した山頭火は、すでに三十八歳。おいそれと就職先は見つからない。時代は第一次世界大戦後に発生した戦後恐慌の真っただ中。日雇いの肉体労働で何とかその日をしのぎ、下宿代にも事欠く生活だった。そこへ妻サキノの兄から手紙が届く。

離婚届が同封してあり、判子をついて返送するよう書き添えてあった。

自業自得と言えば、そのとおりだ。山頭火もわかっている。わかってはいても、そうせざるを得ない自分がいる。だから苦悩する。父・竹次郎のように放蕩の結果であるなら、どんなに気が楽だろうか。判子をついて投函する。

三年後、一九二三(大正十二)年九月一日、関東大震災が襲う。東京は一面焼け野原となり、行き場を失った山頭火は、熊本へ帰るしかなかった。サキノは山頭火の〝心の病〟を知っていたのだろう。憐れんで迎え入れたが、山頭火は四十二歳。現代に置き換えれば六十歳——還暦くらいに相当するだろうか。いまの時代と違って人生をやり直す年齢ではない。経済的に楽隠居もできない。何もできないのだ。焦燥感が自分を追い込んでいく。

死ぬしかない。山頭火は居酒屋で酒をしこたま飲み、走って来る路面電車の前に立ちはだかった。

野垂れ死にを覚悟しての旅立ち

ここで死んでいれば、酔っ払いの、はた迷惑な自殺で、山頭火の名が後世に語られることはなかったろう。市電は急停車。山頭火は無事だったが、反動で転倒した乗客たちが怒った。電車から降り、袋叩きにしようとしたところへ、

(あっ、山頭火だ!)

と乗客の一人が気づいた。新聞社の文芸記者で、以前、俳句のことで山頭火を取材した

ことがあった。「私の知り合いなんだ」――と分け入って助け出し、旧知の報恩寺に運び込んだ。

線香の匂い。そして、生死の狭間に横たわる静寂。寺は世俗の中にあって、世俗と一線を画す。山頭火は心の平静を得て、「生きること」からも「死ぬこと」からも解き放たれたような気分だった。

庭の掃き掃除から廊下の雑巾がけ、坐禅、読経、そして諸々の雑用。一日が忙しく過ぎていく。充実した日々には酒の誘惑もなかった。山頭火は義庵《ぎあん》住職に出家を願い出る。僧侶として生きることで、これまでの自分の一切を捨てられるのではないか。年齢からして、人生はそう長くはないだろうが、「いまの人生」を変えたいと山頭火は願った。住職は得度を許し、耕畝《こうほ》という名前を授け、報恩寺の末寺である瑞泉寺《ずいせんじ》の堂守《どうもり》になるよう告げた。瑞泉寺は地元では味取《みとり》観音堂と呼ばれ、檀家は三十軒と少なかったが、米や野菜、塩、味噌などを運んでくれるため、生きてはいける。孤独ではあるが、生きることに焦燥感はなかった。酒に誘惑されることもない。朝夕に鐘楼《しょうろう》の鐘を撞《つ》く生活に、山頭火は「救われた」と思った。

平穏な一年が過ぎた。このままでよかった。いまのままでよかった。ところが、さらに高みを求めるのが人間の業《ごう》というものなのだろう。もっと修行を積むことで別の人生が拓けてくるのではないか。そう考えた。この生真面目さが山頭火の長所であり、苦悩の元凶でもあった。

前に踏み出そうとして精神の均衡が崩れた。不安と焦燥が不意に襲ってきて、それに狼狽した。不安と焦燥を押さえ込もうとして、ますます搦《から》め捕られていく。一年断っていた酒を口にした。飲み続けた。もう止まらなかった。

そんな山頭火が衝撃に震えるのは、俳人・尾崎放哉《ほうさい》の死であった。山頭火はのち、放哉と並んで自由律俳句の最も著名な俳人の一人になり、二人はともに「漂泊の俳人」と呼ばれる。放哉は東京帝国大学法科卒のエリートであったが、酒に身を持ち崩し、妻にも捨てられ、放浪の人生を送ったあと、小豆島《しょうどしま》の西光寺南郷庵《みなんごあん》で亡くなる。山頭火は、五・七・五という定型にこだわらない放哉の自由律句に傾倒し、自分に似た境遇であることが救いでもあったのではないだろうか。

その放哉が亡くなった。『層雲』誌に掲載される放哉の句は、不治の病を清澄な心で見つめ、生への執着を離れた精神の孤高を感じさせた。放哉は死をもって自己完結して見せた。自分はどうなのか。苦悩だ焦燥だと人生に悩み、こだわり、酒を飲み、前に一歩も進めないでいる。

山頭火は味取観音堂を飛び出す。かつて妻子を放り出して上京したときと同じだった。墨染めの粗末な法衣をまとい、錫杖《しゃくじょう》を手にした。禅僧として行乞《ぎょうこつ》（托鉢）し、句を読んで生きていく。野垂れ死にを覚悟しての旅立ちであった。山頭火は四十五歳になっていた。

山頭火は『行乞記』という日記に、心のうちを書きつける。

《……私は所詮、乞食坊主以外の何物でもないことを再発見して、また旅へ出ました。歩けるだけ歩きます、行けるところまで行きます》

そして読む句は、

蟬しぐれ死に場所をさがしてゐるのか

熊本を出た山頭火は宮崎、大分と歩き、中国地方から四国八十八ヶ所をめぐり、瀬戸内海に浮かぶ小豆島に放哉の墓を訪ねる。山頭火の漂泊の旅は七年に及ぶ。

ようやく荷物を捨てられる

一九三二（昭和七）年、山頭火は五十一歳を迎える。肉体的に行乞の旅が困難になり、句友の援助を受けて山口県小郡《おごおり》町の小さな草庵に住む。草ぶきの農家の空屋は、《廃人廃屋に入る》と山頭火が日記に書きつけるような粗末なもので、友人たちが修理して何とか住めるようにしてくれた。山頭火はこれに「其中庵《ごちゅうあん》」と名づけた。

草庵に住んだこの年、出家からこれまでの作品をまとめた第一句集『鉢の子』が刊行される。深酒と泥酔の日々は相変わらずであったが、句集が刊行されるほど山頭火の俳人としての評価は高かった。翌年に第二句集『草木塔《そうもくとう》』、それから二年後の一九三五（昭和十）年に第三句集『山行水行《さんこうすいこう》』が相次いで刊行される。

『山行水行』が刊行される前年、江戸後期〜明治期の俳人・井上井月《せいげつ》の墓参のため、山頭火は遠く信州に旅している。井月は元長岡藩士で、武士を捨て、放浪と漂泊を主題とした俳句を詠み続けた。尾崎放哉に惹かれたように、山頭火は「乞食井月」と呼ばれた井上に、おのれの生涯を重ねていたのだろう。

《うたう者の喜びは力いっぱいに自分の真実をうたうことである。この意味において、私は恥じることなしにその喜びを喜びたいと思う》

と日記に書きつけた山頭火はしかし、『山行水行』の発刊から半年後の八月、カルモチン（睡眠薬）を呷《あお》って自殺未遂を起こす。「恥じることなしにその喜びを喜びたい」とする我が身に向けた高らかな宣言は、結局、自分を苦しめることになるのだろう。かくあらねばならぬ——と、人生を真摯に生きようとすればするほど、その反作用も強くなるということか。

「苦痛に徹せよ。しかし苦痛は戦うて勝てるものではない。打ったからとて砕けるものではない。苦痛は抱きしめて初めて融けるものである」

と、三十四歳のときに『層雲』に一文を寄稿しながら、山頭火は苦痛を抱きしめることができなかったということになるのだろう。

しかし、眠っている間に身体が拒絶反応を起こしたため、カルモチンを吐き出し、山頭火は一命を取り留める。年末、日記にこう記す。

《この一年間に私は十年老いたことを感じる。老いてますます惑いの多いことを感じないではいられない。かえりみて心の脆弱《ぜいじゃく》、句の貧困を恥じ入るばかりである》

自殺未遂を図った翌年、第四句集『雑草風景』発刊。この年は関西、東京、新潟、山形、仙台、そして遠く岩手平泉まで旅をする。立ち直ったわけではない。無銭飲食と泥酔で、警察署に五日間留置されている。

一九三六（昭和十一）年、「其中庵」が朽ち果てて住めなくなったため、そこから十キロほど離れた湯田《ゆだ》温泉（山口市）に四畳半一間を借り、「風来居《ふうらいきょ》」と名づける。

一九三九（昭和十四）年、第六句集『孤寒《こかん》』発刊。

同年暮れ、四国松山に渡り、終《つい》の棲家《すみか》となる「一草庵」を結ぶ。この草庵を紹介してくれた知人に次の一句を捧げる。

おちついて死ねそうな草枯るる

死ねそうな――という一語は、死のうとして死に切れず、生きようとして生き切れず、生死の狭間で苦吟した半生を思い浮かべて、

「やれやれ」

と、ひと息ついているかのようだ。「捨てきれない荷物のおもさまへうしろ」と詠んだ山頭火は、ここに至って、ようやく荷物を捨てられるような気がしたのかもしれない。

一九四〇（昭和十五）年、俳句人生の総決算として、第二句集と同じ題名の『草木塔』を、さらに同年七月、第七句集『鴉《からす》』を相次いで刊行する。

そして、三カ月後の十月十日の夜。一草庵に六、七人の同人が集まって句会が催された。酔った山頭火は隣室でいびきをかいていた。句会が終わり、みんなは山頭火を起こさないように静かに出て行ったが、その中の一人が気になったのだろう。翌早朝、山頭火を心配して一草庵に行ってみると、すでに冷たくなっていた。享年五十九歳。死亡診断書は急性心不全であった。

辞世に詠んだ句は、

もりもり盛りあがる雲へあゆむ

苦悩に曲折の人生を辿りながらも、山頭火は高らかに生への讃歌を詠む。

一草庵

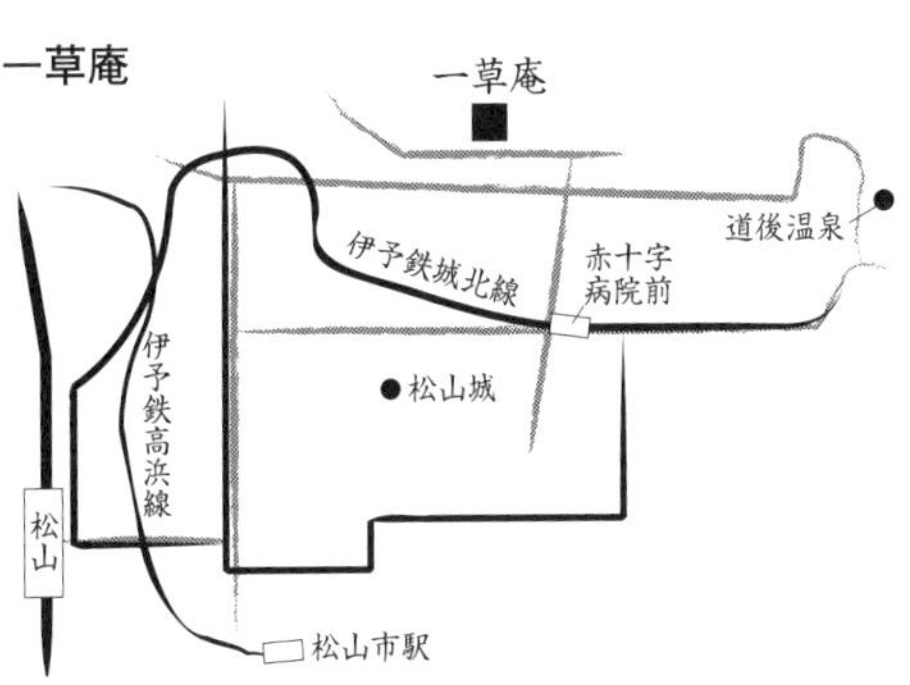

おわりに

人生とは、何とも理不尽なものである。

勝手にこの世に放り出し、実年世代のン十年を全力疾走させておいて、

「そろそろ寿命だから〝終い仕度〟をせよ」

と、再び放り出す。

「誰が産んでくれと頼んだ！」

と母親に嚙みついた反抗期のひと言は、理不尽な人生に対する本能的な叫びではなかったかと、六十代も半ばになって、しみじみ思い返したりもする。

十人の名僧を書き終えて、

「みなさん、楽な人生じゃなかったんだな」

そう思った。

と同時に、名僧ですらここまで悩み苦しんでいるという事実に安堵しつつ、「生と死は、どんなに突き詰めていったところで結局、正解には行きつかない」ということを、いまさらながら思い知らされた。

正解があれば、対極に不正解がある。人生において、正解と不正解の尺度が存在しない以上、正解を求めるのは、己の腕で砂漠に井戸を掘るような、無意味な作業と言っていいだろう。名僧たちは、それを承知で井戸を掘ってみせ、徒労の結果をもって「人生に正解はない」という〝正解〟を私たちに示してくれた。

そして正解がない以上、必然的に後悔も存在しないことになる。熱いお湯に浸かれば熱さを楽しみ、冷たい水に浸かれば冷たさを楽しむ。名僧たちの生き方、死に方から汲み取るのは、現実を現実として甘受するという、まさにこの一点に尽きるのではないだろうか。

死は恐い。

誰だって、健康で長生きをしたい。

健康食品のコマーシャルを横目で見ながら、

「三年、五年、長生きしたところで何の意味がある」

と嘯《うそぶ》いてみせたところで、いざ余命宣告されると狼狽《ろうばい》するだろう。

それが人間ではないか。

私の友人はガンに冒され、医師から余命宣告されたとき、

「まだ死ねない。やり残したことがある」

と言った。

やり残したことが何であるか問わなかったが、人間に夢や希望という〝欲〟が具わっている以上、現実に満足することは決してなく、「やり残したことがある」という思いは死ぬまでついてまわるのだろうと、このとき思ったものだった。

友人のこの思いを、「後悔せず」という名僧の処し方に重ねてみると、たとえ不満足であろうとも、「いまの自分でいいのだ」と、あえて自己肯定してみせるかどうか、ここに幸不幸の分かれ目があることがわかる。

死というゴールがあるから、人生を全力疾走で生きることができる。ペース配分もできる。ゴールのない努力は滑車を回るハツカネズミに過ぎない。そう考えると、死という必然の恐怖も、また違って見えてくるのではないだろうか。「どう生きるか」を抜きにして、「人

生の終い仕度」はあり得ない。このことを、十人の名僧たちが十通りの「生き方」を通じて、私たちに語りかけてくれるのだ。

二〇一六年五月

向谷匡史

参考文献（順不同）

『遺偈・遺誡』大法輪閣編集部編／大法輪閣
『名僧臨終の言葉』松原哲明／鈴木出版
『一休』西田正好／講談社現代新書
『一休　虚と実に生きる』別冊太陽／平凡社
『空海の世界』上山春平・正木晃著　山折哲雄監修／佼成出版社
『三人の祖師――最澄・空海・親鸞』梅原猛／佼成出版社
『知っておきたい日本の名僧』瓜生中／角川ソフィア文庫
『死にとうない』堀和久／新人物往来社
『「生死」と仏教』瓜生中／佼成出版社
『〔新訳〕鉄舟随感録』安部正人編著　渡辺誠編訳／ＰＨＰ研究所
『仙厓百話』石村善右／石風社
『仙厓　無法の禅』玄侑宗久／ＰＨＰ研究所
『禅僧の遺偈』吉田紹欽／春秋社
『種田山頭火　人生遍路』種田山頭火／日本図書センター
『種田山頭火の死生』渡辺利夫／文春新書
『日本人のこころの言葉　最澄』多田孝正・木内堯大／創元社
『日本の名僧・高僧88人』「歴史と旅」臨時増刊／秋田書店

『日本の名僧名言集』武田鏡村／講談社
『仏教の名言100』綾瀬凛太郎／学研新書
『名僧たちの教え』山折哲雄・末木文美士編著／朝日選書
『名僧列伝（一）』紀野一義／講談社学術文庫
『名僧列伝（三）』紀野一義／講談社学術文庫
『立派な死』正木晃／文藝春秋
『山岡鉄舟』大森曹玄／春秋社
『山岡鉄舟』小島英熙／日本経済新聞社
『良寛詩歌集』中野東禅／NHK出版
『心の清浄をとりもどす 名僧の一喝』向谷匡史／すばる舎
『親鸞の言葉　明日を生きる勇気』向谷匡史／河出書房新社
『良寛　清貧に生きる言葉』向谷匡史／青志社
出光美術館ホームページ（http://www.idemitsu.co.jp/museum/honkan）
天台宗ホームページ（http://www.tendai.or.jp）

青春新書
INTELLIGENCE

こころ涌き立つ「知」の冒険

いまを生きる

"青春新書"は昭和三一年に――若い日に常にあなたの心の友として、その糧となり実になる多様な知恵が、生きる指標として勇気と力になり、すぐに役立つ――をモットーに創刊された。

そして昭和三八年、新しい時代の気運の中で、新書"プレイブックス"にその役目のバトンを渡した。「人生を自由自在に活動《プレイ》する」のキャッチコピーのもと――すべてのうっ積を吹きとばし、自由闊達な活動力を培養し、勇気と自信を生み出す最も楽しいシリーズ――となった。

いまや、私たちはバブル経済崩壊後の混沌とした価値観のただ中にいる。その価値観は常に未曾有の変貌を見せ、社会は少子高齢化し、地球規模の環境問題等は解決の兆しを見せない。私たちはあらゆる不安と懐疑に対峙している。

本シリーズ"青春新書インテリジェンス"はまさに、この時代の欲求によってプレイブックスから分化・刊行された。それは即ち、「心の中に自らの青春の輝きを失わない旺盛な知力、活力への欲求」に他ならない。応えるべきキャッチコピーは「こころ涌き立つ"知"の冒険」である。

予測のつかない時代にあって、一人ひとりの足元を照らし出すシリーズでありたいと願う。青春出版社は本年創業五〇周年を迎えた。これはひとえに長年に亘る多くの読者の熱いご支持の賜物である。社員一同深く感謝し、より一層世の中に希望と勇気の明るい光を放つ書籍を出版すべく、鋭意志すものである。

平成一七年

刊行者　小澤源太郎

著者紹介

向谷匡史〈むかいだに　ただし〉

1950年、広島県呉市生まれ。作家。浄土真宗本願寺派僧侶。拓殖大学卒業後、週刊誌記者などを経て現職に。保護司、日本空手道「昇空館」館長の顔も持つ。政治家から仏教まで、幅広いジャンルで人間社会を鋭くとらえた観察眼と切れ味のよい語り口には定評がある。主な著書に『田中角栄　相手をつかむ「人たらし」金銭哲学』(双葉社)、『良寛　清貧に生きる言葉』(青志社)、『親鸞の言葉～明日を生きる勇気』(河出書房新社)、『心の清浄をとりもどす名僧の一喝』(すばる舎)など多数。

名僧《めいそう》たちは自《みずか》らの死《し》を
どう受《う》け入《い》れたのか

青春新書
INTELLIGENCE

2016年7月15日　第1刷

著　者　向《むかい》谷《だに》匡《ただ》史《し》

発行者　小澤源太郎

責任編集　株式会社プライム涌光

電話　編集部　03(3203)2850

発行所　東京都新宿区若松町12番1号 〒162-0056　株式会社青春出版社

電話　営業部　03(3207)1916　振替番号　00190-7-98602

印刷・中央精版印刷　製本・ナショナル製本

ISBN978-4-413-04488-2